Verfassungsstaat und Völkergemeinschaft

Beiträge zum Staats- und Völkerrecht

Herausgegeben von

Wilhelm A. Kewenig
Dr. jur., LL. M. (Harvard)
o. Professor
für Öffentliches Recht
und Völkerrecht
an der Universität Kiel

Rudolf Weber-Fas
Dr. jur., LL. M. (Harvard)
o. Professor
für Öffentliches Recht
und Staatslehre
an der Universität Mannheim

Neske

Rudolf Weber-Fas

Rechtsstaat und Grundgesetz

Mannheimer Antrittsvorlesung

Neske

Pfullingen, 1977. Umschlag von Brigitte Neske.
Gesamtherstellung bei Wilhelm Röck, Weinsberg.
ISBN 3 7885 0075 1. Printed in Germany

Meiner Mutter in Dankbarkeit

Dem Andenken meines Vaters

Inhalt

Das Rechtsstaatsprinzip hat im Verfassungsleben der Bundesrepublik Deutschland schon bald nach Inkrafttreten des Grundgesetzes eine große und bis zur Gegenwart ungeschmälerte Bedeutung gewonnen. Kaum ein anderer Verfassungsbegriff wird in Politik, Publizistik und Prozeßpraxis so oft zitiert wie der Terminus Rechtsstaat. Um so überraschender ist es, daß die theoretische und dogmatische Erfassung des Rechtsstaatsbegriffs nicht nur kein Hauptthema der heutigen Jurisprudenz geworden, sondern nahezu ein Stiefkind der Staatsrechtswissenschaft geblieben ist. Noch unlängst hat ein bedeutender Sachkenner festgestellt, man suche vergeblich nach einer monografischen Behandlung des Rechtsstaats, »geschweige denn, daß seine Geschichte auch nur einigermaßen aufgehellt wäre«[1]. Dieser Befund mag es rechtfertigen, hier und heute eine gedrängte, notwendigerweise fragmentarische Studie des Rechtsstaatsprinzips zu versuchen.

Entwicklungslinien der Rechtsstaatsidee

Als geschichtliche Erscheinung ist der Rechtsstaat das Produkt komplexer Entstehungsfaktoren: zeitgenössischer Postulate nicht weniger als fortwirkender Ideen früherer Epochen.

I. Antike

Sucht man nach den historischen Wurzeln des Rechtsstaatsbegriffs, so dürfte ein Rückgang auf antike Theoreme und Konstitutionen allenfalls nur mittelbar und punktuell ergiebig sein. Zu verschieden scheinen die politischen Lagen, theoretischen Ansätze und rechtsdogmatischen Strukturen in alter und neuer Zeit. Dies schließt nicht aus, daß schon in der Antike, die den modernen Geist in Jurisprudenz und Staatspraxis so mannigfach befruchtet hat, Teilaspekte einer erst in neuerer Zeit sogenannten Rechtsstaatlichkeit reflektiert oder statuiert worden sind. Zu denken wäre etwa an das Prinzip der »Isonomia«, wonach Solon den Athenern gleiche Gesetze für die Vornehmen und die Geringen gab [2]. Auch das von Aristoteles fortwirkend formulierte Ideal der Herrschaft des Gesetzes [3] bietet sich als Beispiel an. Daß dennoch für das griechische Altertum der Durchbruch zu eigentlichem Rechtsstaatsdenken in einem Kernbereich verschlossen blieb, gründet vor allem auf dem – mit der Auffassung des Menschen als zoon politicon [4] zusammenhängenden – Fehlen einer Unterscheidung von Einzelperson und politischem Verband. Damit entfiel die Grundlage der Entwicklung staatsgerichteter individueller Freiheitsrechte [5]. Hier vor allem öffnet sich eine Kluft zwischen modernem und antikem Denken, liegt doch in der Rechtsstaatsidee der Gedanke, staatliche Herrschaft mit persönlicher Freiheit zu versöhnen[6]. Nur mit Skepsis wird man daher die These aufnehmen, das moderne Rechtsstaatsprinzip sei bereits in althellenischer Zeit zu wesentlicher Ausformung gelangt[7]. Fragwürdig ist diese Ansicht auch um dessentwillen, weil sie auf Überlegungen beruht, in denen »Rechtsstaat« und Demokratie oft unkritisch als einander bedingend oder gar identisch aufgefaßt werden[8]. Wie weit antikes und modernes Verfassungsdenken auseinanderliegen, zeigt nicht zuletzt das Beispiel der Gewaltenteilung, deren zentraler Zusammenhang mit der Freiheit des Individuums im Staate klar zu Tage liegt[9]. Eine Gewaltenteilung im heutigen Sinne, namentlich auch zur Sicherung der Unabhängigkeit der Rechtsprechung, ist indessen dem Altertum fremd[10]. Von diesen Fehlanzeigen unberührt bleibt der nachhaltige Einfluß antiker Autoren[11] auf die Entwicklung des neuzeitlichen Liberalismus als Grundlage gegenwärtiger rechtsstaatlicher Institutionen. Geschichtlich fruchtbar wurde auch, unter dem Aspekt der Bändigung freiheitsbedrohender Staatsgewalt, die schon bei Platon und Aristoteles hervortretende Lehre vom regimen mixtum. Nach dieser Doktrin soll die verfassungsrechtliche Integration monarchischer, aristokratischer und demokratischer Prinzipien ein Höchstmaß an politischer Besonnenheit, individueller Freiheit und gesellschaftlicher Pluralität gewährleisten.

II. Mittelalter

Die der Antike fehlenden, dem modernen Rechtsstaat eigentümlichen individuellen Freiheitsrechte gegenüber dem politischen Gemeinwesen finden einen ersten, cum grano salis zu verstehenden Ansatz in bedeutenden Lehren des Mittelalters. Zu nennen ist vor allem die für das gesamte nachantike Rechtsdenken wichtige Theorie der Dignitas humana als Ausdruck der Gottesebenbildlichkeit des Einzelmenschen. Freilich vermochte auch diese Imago Dei-Lehre schon um dessentwillen Grundrechte im heutigen Sinne nicht hervorzubringen, weil der sogenannte Staat des Mittelalters mit seiner geringen

Herrschaftsintensität und begrenzten Sachkompetenz für die Entwicklung freiheitlicher Abwehrrechte kein hinreichendes Widerlager bot. So war denn auch die vielberufene Magna Charta Libertatum kein Grundgesetz mit allgemeiner Menschenrechtsverbürgung, sondern ein feudaler Freiheitsbrief des Königs zugunsten der Barone [12]. Ob man gleichwohl, wie noch in jüngerer Zeit geschehen, von einer »Rechtsstaatlichkeit im Mittelalter« [13] sprechen kann, erscheint zumindest zweifelhaft. Mit dieser Skepsis wird der Rang mittelalterlicher Rechtskultur keineswegs in Frage gestellt. Auch wenn es »Freiheitsgarantien für Person und Eigentum im Mittelalter« [14] nicht oder nur mutatis mutandis gegeben hat [15], bietet diese Epoche genügend Beispiele für eine Herrschaft des Rechts, das nach damaliger Auffassung eine nicht zur Disposition des Menschen stehende Ordnung als Ausdruck höherer Gerechtigkeit war [16]. Nach ihr galt der Staat als nicht legitimiert, in das von Gott geschaffene Recht einzugreifen [17]. Vielmehr lag das Recht dem Staat voraus, der seinerseits als im Dienst des Rechts stehend und nur als Mittel zu dessen Verwirklichung gedacht wurde. Die Beugung des Königs unter das Recht, dem er sein Amt verdankte, entsprach der mittelalterlichen Ordo-Idee ebenso wie der Verlust des Anspruchs auf Untertanengehorsam, wenn der König das Recht brach [18]. Freilich fehlte weithin eine gerichtliche Sicherung [19] der Rechtlichkeit hoheitlichen Handelns, so daß das Ethos der Amtsträger entscheidende Bedeutung gewann.

III. Neuzeit

Konkretere Strukturen modernen Rechtsstaatsdenkens treten erstmalig in der Neuzeit hervor. Wesentlicher Hintergrund dieser Lehren ist der tiefgreifende Wandel vom ständischen System zum Staatsgefüge des fürstlichen Absolutismus. Repräsentanten der neuen politischen Theorien, die über den klassischen Liberalismus bis in die nachbürgerliche Gegenwart ungeachtet aller Mutationen ihre Wirkkraft nicht eingebüßt haben, sind vor allem *John Locke*, *Montesquieu* und *Immanuel Kant*.

1. *Philosophische Ansätze*

a) Locke

Der vielfach als Vater der liberalen Staatstheorie betrachtete[20] John Locke[21] fordert, in deutlicher Polemik gegen Hobbes[22], ein »government of laws, not of men« zur Sicherung des Individuums gegen – naturrechtswidrige – Staatsomnipotenz. Unter Protest gegen absolutistische Doktrinen der Staatsräson konzipiert Locke, dessen Verfassungsideal zur »moderated monarchy« tendiert, den Staat als Schutzmacht für das Eigentum der Bürger, die sich durch »original compact« aus dem Naturzustand zum »body politick« erhoben haben. Das – aus dem gottgewollten Selbsterhaltungsrecht des Menschen abgeleitete – individuelle »Eigentum« wird freilich in weitestem Sinne verstanden: lives, libertys and estates umfassend[23]. Diese Freiheitsrechte des Menschen zu achten und zu schützen ist das eigentliche Telos der politischen Gewalt, die definiert wird als »a Right of making Laws with Penalties of Death . . . for the Regulating and Preserving of Property, and of employing the force of the Community, in the Execution of such Laws . . ., and all this only for the Publick Good«[24]. Zur Erfüllung seiner Hauptaufgabe, im Gemeinwohlinteresse die Freiheitsgüter der miteinander konkurrierenden – freilich nicht wie bei Hobbes in primärer Feindseligkeit[25] lebenden – Individuen zu hegen, muß der Staat machtvoll sein. In der Erkenntnis aber, daß, wie es später Lord Acton formuliert, absolute Macht absolut korrumpiert, fordert Locke zur Verhütung mißbräuchlicher Ausübung der Staatsgewalt ein »ballancing of the Power of Government, by placing several parts of it in different hands«[26]. Dieser aus typisch liberalem Mißtrauen[27] gegen jede Konzentration der Macht erwachsene Ansatz schafft erste Grundlagen einer vorläufig noch schwach ausgebauten Theorie der Gewaltenteilung, die nach herkömmlicher[28], neuerdings in Frage gestellter[29] Auffassung sich aus der Doktrin vom »regimen mixtum« entwickelt hat. Während Hobbes auf der Traditionslinie einer Lehre, wonach natur(rechts)notwendig einem Organ – sei es Fürst, Adel oder Volk – die gesamte Souveränität ungeschwächt zustehe, jede Form der Gewaltenteilung als staatsauflösend verwarf, postuliert

Locke eine, freilich noch rudimentäre zweidimensionale Machtkontrolle zwischen Legislative und Exekutive. Angesichts der »Schwäche der menschlichen Natur, die stets bereit ist, nach der Macht zu greifen«, hält er es für »eine zu große Versuchung, wenn dieselben Personen, die die Macht haben, Gesetze zu geben, auch die Macht in der Hand hätten, sie zu vollstrecken«[30]. Diese gegenseitige Balance politischer Machtkörper soll die teleologisch im Dienste von Leben, Freiheit und Eigentum der Einzelnen stehende Staatsgewalt auch organisatorisch bändigen.

Bedeutenden Einfluß gewannen die konstitutionellen Ideen Locke's vor allem in der Neuen Welt. Namentlich seine Konzeption der Freiheitsrechte der Individuums hat das nordamerikanische Verfassungsleben nachhaltig inspiriert. Gleichsam eine Verkörperung seiner Menschenrechtslehre ist die berühmte Bill of Rights of Virginia von 1776, deren Art. 1 lautet: »That all men are by nature equally free and independent and have certain inherent rights, of which, when they enter into a state of society, they cannot be any compact deprive or divest their posterity; namely the enjoyment of life and liberty, with the means of acquiring and possessing property and pursuing and obtaining happiness and safety«[31].

b) Montesquieu

Die den Theorien Locke's verpflichtete, von Blackstone klassisch ausgeprägte konstitutionelle Auffassung der Staatsgewalt in England wird von Montesquieu[32] fortgebildet zu seiner – das gesamte Staatsrechtsdenken des 19. und 20. Jahrhunderts nachhaltig beeinflussenden – Doktrin von den drei selbständigen, getrennten, sich gegenseitig kontrollierenden und balancierenden Gewalten.

In dem berühmten, von der weltweiten Montesquieu-Rezeption zunehmend aus dem Gesamtzusammenhang des Werkes »De l'Esprit des Lois«[33] herausgelöst 6. Kapitel des XI. Buches »De la constitution d'Angleterre« werden jedem Staat drei Arten von Gewalt zugeschrieben, die Montesquieu als Puissance législative, Puissance exécutrice und Puissance de juger kennzeichnet. Aus dieser Unterscheidung zieht er organisatorische Folgerungen, die auf geschichtsbewußter Einsicht in ein Naturgesetz gründen: »C'est une expérience éternelle que tout homme qui a du pouvoir, est porté à en abuser; il va jusqu'à qu'il trouve de limites« [34]. Um jener, auch von Locke betonten Tendenz des Machthabers zum Machtmißbrauch [35] institutionell zu begegnen, erhebt nun Montesquieu die alle früheren Gewaltenteilungslehren überholende Forderung, daß die theoretisch distincten Staatsfunctionen auch positiv-verfassungsrechtlich auf getrennte Organe der Legislative, Exekutive und Judikative verteilt werden. Politische Verwirklichung fand diese Konzeption der Gewaltentrennung schon im ausgehenden 18. Jahrhundert, namentlich in der nordamerikanischen Bundesverfassung von 1787 und in der französischen Revolutionsverfassung von 1791; letztere spricht erstmalig statt von einer »division« von einer »séparation des pouvoirs« [36]. Daß unter den drei Gewalten die richterliche in gewisser Weise gar nicht vorhanden, »en quelque facon nulle« sei, ist freilich ein geheimnisvolles Dictum, das in der Folgezeit mancherlei Deutung erfahren hat [37] und im Blick auf den heutigen Rechtsstaat eher wie ein ironisches Aperçu anmutet.

Staatsorganisatorisch bezweckt die Gewaltentrennungslehre des »Esprit des Lois« [38] nicht bloß die technische Lösung eines grundlegenden Verfassungsproblems mittels der Balancierung und Harmonisierung von antagonistischen politischen Kräften. Die der für verhängnisvoll erachteten Gewaltenvereinigung entgegengesetze »Division« der Staatsmacht erschöpft sich nicht in der gewollten Gleichgewichtsmechanik nach der Formel »Le pouvoir arrête le pouvoir«. Ihren tieferen Sinn empfängt die in der Wirkungsgeschichte des »Esprit des Lois« übermäßig isolierte Gewaltenteilungsdoktrin aus der Grundidee und dem Gesamtzusammenhang des vielfach fehlinterpretierten Werkes. Im Grunde geht es Montesquieu um die Personwürde des Menschen, um die »dignité humaine« [39]. Diese sieht er vor allem auch bedroht vom Ungeist einer »egalité extrême«, die eine Demokratie genauso zerstöre wie der Verlust vernünftiger Gleichheit [40]. Diese »dignité humaine« – gesehen vor dem Hintergrund einer primär nicht individualistisch, sondern solidaristisch aufgefaßten Gesellschaft – kann aber nur aktualisiert werden, wenn der Staat eine »liberté politique« gewährleistet. Eine solche freilich ist nicht gleichbedeutend mit »politischer Freiheit« im heutigen Verstande. Eher dürfte eine gemeinschaftsgebundene Freiheit gemeint sein, da für Montesquieu die Rechte und Pflichten des Individuums als ens sociale grundsätzlich in Korrelation stehen. Die Freiheit aber, »à faire ce que l'on doit vouloir« [41], kann nur existieren in einer gleichermaßen gegen Despotie und Anarchie geschützten Ordnung unter dem Gesetz. Damit wird Freiheit [42] zum Recht, alles zu tun, was die Gesetze gestatten. Gesetz indessen im Sinne des »droit de faire tout ce que les lois permettent« ist nicht irgendeine formal verstandene Satzung beliebigen Inhalts, denn: »la loi n'est pas un pur acte de puissance« [43]. Leitkriterium der Montesquieu'schen Konzeption des Gesetzes ist vielmehr die These, daß »la loi, en général, est la raison humaine« [44]. Diese »raison humaine« als die Substanz wahrer gesetzlicher Ordnung kann sich freilich nur hervorbringen in einem »gouvernement modéré« [45]. Dieses hinwiederum bedingt eine bestimmte, »liberté politique« garantierende Staatsverfassung, die ihrerseits – und damit schließt sich der Kreis – in der dargelegten Weise gewaltenteilig organisiert sein muß.

c) Kant

Montesquieu's Kerngedanke einer verfassungsrechtlichen Balancierung der politischen Gewalten zur Gewährleistung der Würde und Freiheit des Menschen erfährt, freilich ohne explizite Anknüpfung, eine nachdrückliche Fortbildung im Werke Kants, dessen Denken überaus wichtig geworden ist für die staatsphilosophische Fundierung des Rechtsstaats in Deutschland [46].
In seinen »Metaphysischen Anfangsgründen der Rechtslehre« [47] definiert Kant den Staat – die »civitas« – als die »Vereinigung einer Menge von Menschen unter Rechtsgesetzen« [48]. Dies umschließt die Bergung der individuellen Freiheit im Gesetz gleichermaßen wie die Beugung des Staates unter das Gesetz. Und weiter lehrt Kant, auch hier auf der Linie des französischen Vorläufers: »Ein jeder Staat enthält drei Gewalten in sich, d. i. den allgemein vereinigten Willen in dreifacher Person (trias politica): die Herrschergewalt (Souveränität) in der des Gesetzgebers, die vollziehende Gewalt in der des Regierers (zu folge dem Gesetz), und die rechtsprechende Gewalt (als Zuerkennung des Seinen eines jeden nach dem Gesetz) in der Person

des Richters (potestas legislatoria, rectoria et judiciaria)«[49]. Auch begegnen wir dem besonders von Locke[50] hervorgehobenen Prinzip des »government of laws, not of men« in Kants These: »Dies ist die einzig bleibende Staatsverfassung, wo das Gesetz selbst herrschend ist und an keiner besonderen Person hängt«[51]. Kriterium des Rechtsgesetzes aber ist ihm dessen Entstehung aus der autonomen Freiheit des Individuums, die – in gewisser Affinität zur Gedankenwelt Rousseau's – nur gewährleistet erscheint, wenn »die gesetzgebende Gewalt ... dem vereinigten Willen des Volkes zukommt«; daraus fließt, als unerläßliches Attribut des Staatsbürgers, die »gesetzliche Freiheit, keinem anderen Gesetz zu gehorchen, als zu welchem er seine Beistimmung gegeben hat«[52]. Die Leitidee der Freiheit denkt Kant auch in den Urvertrag, verstanden als den »Akt, wodurch sich das Volk selbst zu einem Staat konstituiert« mit dem Ergebnis, daß »alle (omnes et singuli) im Volk ihre äußere Freiheit aufgeben, um sie als Glieder eines gemeinen Wesens ... sofort wieder aufzunehmen«, so daß man nicht sagen könne: »Der Mensch im Staate habe einen Teil seiner angeborenen äußeren Freiheit einem Zwecke aufgeopfert, sondern er hat die wilde, gesetzlose Freiheit gänzlich verlassen, um seine Freiheit überhaupt in einer gesetzlichen Abhängigkeit, d. i. in einem rechtlichen Zustande, unvermindert wieder zu finden; weil diese Abhängigkeit aus seinem eigenen gesetzgebenden Willen entspringt«[53].

Verfassungsgeschichtlich wirkmächtige Ideen rechtsstaatlicher Orientierung enthält schließlich auch Kants philosophischer Entwurf »Zum ewigen Frieden«[54]. »Die bürgerliche Verfassung in jedem Staate soll republikanisch sein«, bestimmt der Erste Definitivartikel[55] mit der Begründung, nur einer solchen Verfassung eigne, neben ihrer friedensstiftenden Wirkung, die Lauterkeit des Ursprungs, »aus dem reinen Quell des Rechtsbegriffs entsprungen zu sein«. Unter »republikanischer Verfassung«, die Kant ausdrücklich nicht mit der demokratischen verwechselt sehen möchte[56], versteht er eine solche, »die erstlich nach Prinzipien der Freiheit der Glieder einer Gesellschaft (als Menschen), zweitens nach Grundsätzen der Abhängigkeit aller von einer einzigen gemeinsamen Gesetzgebung (als Untertanen), und drittens die nach dem Gesetz der Gleichheit derselben (als Staatsbürger)[57] konstituiert ist«.

Als Kriterium legitimer staatlicher Gesetzgebung kann diesem Denken der demokratische Mehrheitsbeschluß allein nicht genügen. Denn »unter den drei Staatsformen (sc. Autokratie, Aristokratie, Demokratie) ist die der Demokratie im eigentlichen Verstande des Wortes notwendig ein Despotism ..., da alle über und allenfalls auch wider Einen ..., mithin alle, die doch nicht alle sind, beschließen; welches ein Widerspruch des allgemeinen Willens mit sich selbst und mit der Freiheit ist« [58].

Dieses empirische Dilemma der Freiheit unter dem Gesetz löst Kant mit einer »bloßen Idee der Vernunft«, deren politische Realisierung ihm zum »Probierstein der Rechtsmäßigkeit eines jeden öffentlichen Gesetzes« wird: daß nämlich der Gesetzgeber gebunden ist, seine Gesetze so zu geben, wie sie aus dem vereinigten Willen eines ganzen Volkes hätten entspringen können [59]. Das Rechtsgesetz selbst aber hat nur die Aufgabe einer normativen Ordnung des freien Zusammenlebens mündiger Menschen. Verabschiedet ist damit theoretisch der Staatszweck fürstlicher Wohlfahrtspflege. Da es zur Freiheit des Menschen gehört, daß ein jeder seine »Glückseligkeit« auf eigenem Wege verfolgen kann, solange er die gleiche Freiheit seiner Mitmenschen nicht verletzt [60], wäre eine auf Beförderung der Glückseligkeit der Untertanen gerichtete, wenn auch noch so wohlwollende Regierung (imperium paternale) »der größte denkbare Despotismus« [61]. Daraus ergibt sich der Satz: »salus publica suprema civitatis lex est, bleibt in seinem unverminderten Wert und Ansehen; aber das öffentliche Heil, welches zuerst in Betrachtung zu ziehen steht, ist gerade diejenige gesetzliche Verfassung, die jedem seine Freiheit durch Gesetze sichert« [62, 63].

2. *Konstitutionelle Formungen*

Die in den Lehren von Locke, Montesquieu und Kant repräsentierten staatstheoretischen Anschauungen fanden einen fortwirkenden Niederschlag in grundlegenden Postulaten der Verfassungsbewegung des 19. Jahrhunderts und in staatsrechtlichen Strukturen der Weimarer Republik.

a) Rechtsstaatlicher Konstitutionalismus

Volksvertretung und Verfassung waren die wesentlichen Desiderate des liberalen Bürgertums in seinem Kampf gegen das monarchische Prinzip, dessen absolutistische Geltung schon vor der historischen Wende zum Konstitutionalismus durch die Ideen der Aufklärung gebrochen war. Von den Forderungen demokratischer Selbstbestimmung und bürgerlicher Freiheit, die sich in den Verfassungstheorien des 19. Jahrhunderts verbanden, interessiert hier namentlich das Ideal der rechtsstaatlichen Verfassung. Sein Zauber war so zwingend, daß man, schon seit dem 18. Jahrhundert, die konstitutionelle Verbürgung individueller Freiheit als conditio sine qua non einer Verfassung schlechthin betrachtete [64]. Bedeutet daher Rechtsstaatlichkeit, zumindest nach ihrer geschichtlichen Entstehung, vor allem Freiheitlichkeit [65], so ist das Telos der politischen Konstitution nicht – mit Montesquieu zu reden – die gloire des Staates, sondern die liberté des citoyen, das heißt vor allem Schutz des Bürgers [66] vor dem Übergriff der Staatsgewalt. Mit dieser Konzeption erledigt sich das schon von der deutschen Staatslehre des 16. und 17. Jahrhunderts kritisierte, die arcana imperii umfassende Dogma der Staatsräson im Sinne einer Ermächtigung des Souveräns zu schrankenlosem Regiment [67]. Diese später als Polizeistaat qualifizierte unbedingte Übermacht des Fürsten [68] findet ihre dialektische Erwiderung im politischen Kampfbegriff des Rechtsstaats, den das deutsche Verfassungsideal des 19. Jahrhunderts wie ein Leitmotiv aufgenommen hat.

Doch die Verspätung des rechtsstaatlichen Konstitutionalismus in Deutschland zeigt ein Blick auf verfassungspolitische Vollbringungen der übrigen westlichen Welt. Ein markantes Beispiel bietet der – dem Vorbild nordamerikanischer Verfassungen und den Grundgedanken des deutschen Idealismus entsprechende – Artikel 16 der französischen Erklärung der Menschenrechte von 1789, der bestimmt: »Toute société, dans laquelle la garantie des droits n'est pas assurée ni la separation des pouvoirs déterminée, n'a point de constitution« [69]. Die hier als Grundrechtsgarantie und Gewaltenteilung erscheinenden Hauptkritierien klassischer Rechtsstaatlichkeit finden sich vorher schon in der »Bill of Rights« von Virginia [70] und danach in der ersten französischen Revolutionsverfassung, die für spätere Konstitutionen in Frankreich [71] modellgebend wirkte. Erstmalig im deutschen Rechtsraum schuf auf nationaler Ebene die Paulskirchenverfassung von 1849 [72] positive Ausformungen spezifischer Rechtsstaatsprinzipien, wenngleich deutlich in der Tradition der amerikanisch-französischen Proklamationen von 1776 und 1789.

Das Wort »Rechtsstaat«, das mit dem Bonner Grundgesetz gar den Rang eines verfassungstextlichen Terminus erhielt [73], geht offenbar zurück auf *Robert von Mohl* [74]. In seiner »Polizei-Wissenschaft nach den Grundsätzen des Rechtsstaats« [75] bestimmt er als obersten Grundsatz die Freiheit des Bürgers, den bei seiner Selbstentfaltung die Staatsgewalt nur negativ zu unterstützen habe [76]. Der formale Ansatz Mohls [77] findet seine theoretische Zuspitzung in der Staatsphilosophie von *Friedrich Julius Stahl,* der den Rechtsstaat – in ausdrücklicher Entgegensetzung zum patriarchalischen und patrimonialen sowie zum Polizeistaat und zum Volkstaat à la Rousseau und Robespierre – strikte trennt von »Ziel und Inhalt des Staates«. Vielmehr soll der Rechtsstaat nur »die Bahnen und Gränzen seiner Wirksamkeit wie die freie Sphäre seiner Bürger in der Weise des Rechts genau bestimmen und unverbrüchlich sichern und die sittlichen Ideen von Staatswegen, also direkt, nicht weiter verwirklichen (erzwingen), als es der Rechtssphäre angehört, d. i. nur bis zur nothwendigsten Umzäunung« [78]. Diese Definition, die den Rechtsstaatsbegriff zur fast beliebig füllbaren Hülse entleert, konnte freilich, wie *Gneist* mit Recht bemerkt, auch jeder Gegner Stahls wörtlich unterschreiben [79].

Nachdem schon bei *Lorenz von Stein* [80] und *Otto Bähr* [81] eine Verengung des Rechtsstaatsbegriffs auf die gerichtliche Kontrolle der Verwaltung deutlich wurde, treten im Positivismus des spätkonstitutionellen Denkens die politischen und verfassungsrechtlichen Aspekte nahezu vollständig hinter den Kriterien der Gesetzmäßigkeit und des Rechtsschutzes zurück. Das Schwergewicht der Jurisprudenz des Rechtsstaates verlagerte sich von der Staats- und Staatsrechtslehre auf die Ebene der Verwaltungsrechtswissenschaft [82]. Diese dogmatische Reduktion des Rechtsstaatsprinzips kontrastiert mit der ursprünglich umfassenderen Konzeption, die vor allem durch den rechtsstaatlichen Gesetzesbegriff ihre Vollendung erfahren hatte. Dieser sowohl formelle wie materielle Forderungen integrierende Begriff, den man nicht ohne Grund als die Achse der rechtsstaatlichen Verfassung bezeichnet hat[83], sieht im Gesetz die generelle, auf Gerechtigkeit angelegte Norm, die – im Unterschied zu einseitigen Emanationen einer wohlweislichen Obrigkeit gegenüber dem beschränkten Untertanenverstand – mit Zustimmung der Volksvertretung zustandekommt und beide Seiten, Bürger und Verwaltung, gleichermaßen bindet. Dieser zugleich inhaltlich und verfahrensmäßig bestimmte Gesetzesbegriff entsprach den freiheitlichen Axiomen der ihm vorausliegenden Staatsphilosophie. Er vermittelte in einem die Vernünftigkeit der statuierten Norm, den Subjektstatus der Normgebundenen und die Gesetzmäßigkeit des Verwaltungshandelns. Mit der Herrschaft des Gesetzes schien das Prinzip der staatsbürgerlichen Freiheit unantastbar konstituiert.

b) Weimarer Reichsverfassung

Das bürgerlich-rechtsstaatliche Prinzip in seiner spätkonstitutionellen Formalisierung findet einen typischen normativen Ausdruck in der Reichsverfassung von 1919[84]. Vor allem die Gewaltenteilung und Grundrechtsverbürgung[85] als Hauptkomponenten liberaler Rechtsstaatlichkeit treten in der konstitutionellen Demokratie von Weimar deutlich hervor[86]. Überdies zeigen sich schon die – unter dem Bonner Grundgesetz voll zur Auswirkung gelangten – Tendenzen einer Aufwertung der Grundrechte[87] und des politischen Aufstiegs der dritten Gewalt[88]. Indessen erscheint es, nicht nur im Rückblick, als pathetische Überhöhung, wenn *Triepel*, bereits im Zeichen des nahenden Untergangs der Weimarer Republik, den »Ewigkeitswert« des Rechtsstaats konstatiert[89].
Die rechtsstaatlichen Strukturelemente des deutschen Reiches, das sich am politischen Scheideweg nach dem Zusammenbruch der Monarchie gegen die Alternative einer Räterepublik mit Diktatur des Proletariats zugunsten einer liberalen, republikanischen, demokratischen, parlamentarischen, bundesstaatlichen Konstitution entschieden hatte, sind hier nicht im einzelnen nachzuzeichnen. Jedenfalls erhoben sich auf den Fundamenten einer gewal-

tenteiligen und grundrechtsfreundlichen Verfassung freiheitliche Rechtsinstitute, die den klassischen Kriterien der Herrschaft des Gesetzes, der Gesetzmäßigkeit der Verwaltung, der gerichtlichen Kontrolle der öffentlichen Gewalt und der Unabhängigkeit der Richter in hohem Maße entsprachen [90].

Das Rechtsstaatsprinzip im Verfassungsrecht der Bundesrepublik Deutschland

Getragen von der Tradition [91], doch weiterführend und neuer Deutung fähig ist die rechtsstaatliche Verfassung der Bundesrepublik [92], die nach der ausdrücklichen Normierung des Grundgesetzes – dergleichen stand nicht in der Bismarck'schen und der Weimarer Reichsverfassung – sich zugleich als Demokratie, Sozialstaat, Bundesstaat und Rechtsstaat konstituiert hat [93]. Im Kontext unseres Themas soll im folgenden nur vom Rechtsstaatsprinzip als verfassungsrechtlichem Leitgrundsatz die Rede sein [94]. Dabei geht es zunächst um seine formellen [95] Strukturen im geltenden Staatsrecht und nach deren Klärung um die Problematik einer substantiellen Rechtsstaatlichkeit unter dem Grundgesetz [96].

I. Formale Strukturen

1. Primat des Rechts

Die Geltung des Rechtsstaats als grundgesetz-immanentes Prinzip [97] ist entscheidend geprägt von einem Primat des Rechts, der in seiner verfassungsstrengen Positivierung und judikativen Durchformung gegenüber früheren Konstitutionen wie ein non plus ultra erscheint. Die neue Suprematie, eine dezidierte Antwort der Verfassungsväter auf die Preisgabe des Normativen an die totalitäre Gewalt im vorangegangenen Unrechtsstaat [98, 99], äußert sich in einer umfassenden Bindung aller staatlichen Gewalten an das Recht vermittelst der durch richterliche Kontrolle gesicherten Grundsätze des Vorrangs der Verfassung und des Vorrangs des Gesetzes. Die staatsrechtsgeschichtlich neue Dimension zeigt sich vor allem in der Bindung des Gesetzgebers an die verfassungsmäßige Ordnung (Art. 20 III GG), in der unmittelbaren Rechtsgeltung der Grundrechte für alle Akte der staatlichen Hoheitsmacht (Art. 1 III GG), in der Wesensgehaltsgarantie der Grundrechte (Art. 19 II GG), im Verbot von Verfassungsdurchbrechungen (Art. 79 I GG) und nicht zuletzt in der – sogar der konstituierten Volkssouveränität entzogenen – Unabänderlichkeit der Verfassungsfundamente (Art. 79 III GG)[100].

2. *Gewaltenteilung*

Grundlegend für die staatsrechtliche Organisation freiheitlicher Verfassungsinstitutionen und normativer Ausdruck eines bewährten politischen Formprinzips[101] ist die Positivierung der – verkürzend sogenannten – Gewaltenteilung[102]. Die vom Volke ausgehende Staatsgewalt wird, so bestimmt es Artikel 20 II des Grundgesetzes, durch besondere Organe der Gesetzgebung, der vollziehenden Gewalt und der Rechtsprechung ausgeübt. Diese verfassungsgesetzliche »Besonderung« der Staatsorgane gewinnt ihren freiheitsstiftenden Sinn aus dem Kontext der rechtsstaatlichen Tradition, in die das Grundgesetz hineingestellt ist[103]. Danach ist es wesentlicher, freilich nicht alleiniger[104] Zweck des legaliter unabänderlichen[105] Organisationsprinzips der Gewaltengliederung, daß Legislative, Exekutive und Judikative, denen je eigenständige Sachkompetenzen in mannigfach interdependenter Weise rechtlich zugeordnet sind, sich wechselseitig balancieren und kontrollieren. Dieses Aequilibrium im Dienste der Freiheitsidee[106] soll verhindern, daß, wie es *Otto Mayer* ausgedrückt hat, die »furchtbare Wucht der Staatsgewalt« dem Bürger »an einer Stelle vereinigt« gegenübertritt[107]. Ebendies wäre ein Kennzeichen der totalitären Regierungsform gleichviel, ob in Gestalt einer absoluten Monarchie, kommunistischen Diktatur oder faschistischen Despotie. Vor dem Hintergrund der hochaggressiven Gewaltenkonzentration im Führerstaat des dritten Reiches leuchtet es ein, wenn das Bundesverfassungsgericht die Gewaltenteilung auffaßt als ein grundlegendes Prinzip der freiheitlich demokratischen Grundordnung, dessen Bedeutung nicht in einer strikten Trennung der Gewalten, sondern in der politischen Machtverteilung und der daraus resultierenden Mäßigung der Staatsherrschaft zum Wohle der Freiheit des einzelnen besteht[108]. Dennoch darf man fragen, ob diese konstitutionelle Renaissance der klassischen Gewaltenbalance ganz auf der Höhe unserer Zeit ist. Den »powers« von Locke und den »pouvoirs« bei Montesquieu entsprachen realpolitische Mächte, die sich als Monarch, Parlament usw. antagonal in Schach zu halten vermochten. Wo aber ist unter dem Grundgesetz ein entsprechend gewichtiger Gewaltengegensatz, wenn im parlamentarischen System dieselben politischen Mächte Legislative und Executive beherrschen[109]? Ob etwa das Gegenspiel der Oppositionsparteien, der öffentlichen Meinung oder anderer sozialer Machtfaktoren für einen balancierenden Ausgleich hinreicht, kann hier nicht vertieft werden[110].

3. Gesetzmäßigkeit der Exekutive

Neben der freiheitssichernden Gewaltenteilung bildet der Grundsatz der Gesetzesbindung[111] von Regierung und Verwaltung ein weiteres tragendes Strukturelement der geltenden rechtsstaatlichen Verfassung (Art. 20 III GG). Der hier konstituierte, nicht etwa rechtslogisch ohnehin bestehende[112] Vorrang des Gesetzes gegenüber Akten der Verwaltung ist, zusammen mit dem traditionellen[113] Vorbehalt des Gesetzes, die zentrale Ausprägung des nach geltendem Verfassungsrecht unantastbaren Gesetzmäßigkeitsprinzips. Vorrang des Gesetzes bedeutet, daß der in Form des verfassungsmäßigen Gesetzes verkörperte Staatswille jedem anderen Willensakt des Staates vorgeht[114].

Diese Derogationswirkung des Gesetzes gegenüber Akten der Exekutive findet ihre rechtsstaatliche Ergänzung im Vorbehalt des Gesetzes, kraft dessen das Verwaltungshandeln, um rechtmäßig zu sein, prinzipiell einer gesetzlichen Grundlage bedarf. Verabschiedet ist damit die alte Lehre[115], daß das Gesetz nur Schranke der im übrigen autonomen öffentlichen Verwaltung sei. Demgegenüber bedeutet Vorbehalt des Gesetzes, (dessen gegenwärtige Geltung auch für die leistende Verwaltung ein Problem für sich ist[116]), eine Bindung der Verwaltung[117] an das Gesetz, das nunmehr zugleich Rahmen und Rechtsgrundlage ihrer Aktivität ist. Der das geltende Rechtsstaatsprinzip wesentlich prägende Gesetzmäßigkeitsgrundsatz impliziert das unter verfassungsförmlicher Mitwirkung der Volksvertretung zustandegekommene Gesetz[118]. Die als Resultat parlamentarischer Diskussion verkündete Rechtsnorm hat nach tradierter Vorstellung kraft der ihr eigenen Vernünftigkeit, Rationalität und Allgemeingültigkeit die Dignität gerechter Lebensordnung. Und immer noch erscheint einer in altliberaler Staatsphilosophie befangenen Jurisprudenz die Herrschaft des demokratisch erzeugten Gesetzes als Garant der Freiheit des Volkes. Indessen, spätestens die Erfahrung der legalen Vereinnahmung der Weimarer Republik durch die Tyrannis eines rechtsstaatsfeindlichen Regimes hat jene Gesetzesdämmerung bewußt gemacht, die auch unabhängig von dieser nationalen Katastrophe infolge der epochalen Strukturwandlungen in Richtung auf den Wohlfahrts- und Parteienstaat der modernen Industriegesellschaft unausweichlich war. Nur mit Skepsis begegnen wir der alten These: »la loi, en général, est la raison humaine«, nachdem die Welt der Tatsachen uns wieder und wieder belehrt, daß – Montesquieu zum Trotz – das Gesetz instrumentalisierbar ist als »un pur acte de puissance«. Zu diesen Deformationserscheinungen tritt ein Würdeverlust des – einst als Achse des freiheitlichen Rechtsstaats aufgefaßten – Gesetzes durch das Unmaß der Normenproduktion eines unaufhörlich in den Sozial- und Wirtschaftsprozeß intervenierenden Gesetzgebers[119]. Daß damit auch die Rechtssicherheit[120] im Strudel ephemerer Regeln zu versinken droht, gehört zur Signatur der – zugleich normenhungrigen und formvergessenen – Gegenwart.

4. Gerichtlicher Rechtsschutz

Als Ausgleich für die Schwächung des Gesetzes könnte, neben der normativen Stärkung der Verfassung, die erhöhte Wirkungskraft der rechtsprechenden Gewalt angesehen werden. In der Tat hat unter dem Grundgesetz der Individualrechtsschutz und die objektive Rechtskontrolle gegenüber der Legislative und Exekutive eine verfassungsgeschichtlich einzigartige Extension erfahren. Angesichts des neuen Stellenwertes der Rechtsprechung wirken die klassischen Formeln ihrer Rollenbestimmung fast wie romantische Erinnerungen. Das Richterbild des Grundgesetzes ist weit entfernt von der Vorstellung einer bloßen »viva vox legis« [121], die bei Montesquieu als »la bouche qui prononce les paroles de la loi« [122] und bei Justice Marshall als »the mere mouthpiece of the law« [123] zum Ausdruck kommt. Galt einst das Gesetz als Magna Charta der Freiheit und der Richter nur als Sprachrohr parlamentarisch normierter Gerechtigkeit, so hat das Bonner Grundgesetz die Richtermacht gegenüber dem Gesetzgeber stärker betont als jede rechtsstaatliche Verfassung zuvor. Die staatsrechtliche Neuordnung der Beziehungen zwischen Legislative, Exekutive und Judikative hat einzelne Verfassungsjuristen so stark beeindruckt, daß sie den gesteigerten Anteil der Rechtsprechung am staatlichen Imperium zugespitzt als »rechtsstaatliche Kuratel« [124] für Regierung und Verwaltung oder – fast paradox – als Bedrohung der Freiheit durch die Macht der Richter« [125] interpretiert haben. Mit derartigen Betrachtungsweisen ist die Aufgabe des Richtertums unter dem Grundgesetz kaum angemessen zu erfassen. Auch besteht weder Anlaß, ein neues »richterliches Charisma« zu fordern [126] noch Grund zu der Annahme, des »Grundgesetzes liebstes Kind« sei offenbar der Richer [127].

Richtig ist, daß die Verfassungsväter unter dem Schock der deutschen Katastrophe und mit dem Blick auf angloamerikanische Tradition eine besondere Garantie der Freiheitlichkeit des Staats- und Gesellschaftslebens in einer optimalen Stärkung der dritten Gewalt erblickt haben. Demgemäß hat die seit *Gneist* und *Bähr* mit dem Rechtsstaatspostulat verbundene Forderung eines umfassenden Rechtsschutzes des Bürgers gegen die Akte der Exekutive in der Rechtswegklausel des Artikel 19 IV GG [128] eine verfassungsrechtliche Fundierung erfahren, die man insoweit mit Recht als Krönung des Rechtsstaats [129] bezeichnet hat. Am deutlichsten tritt der richterstaatliche Akzent des Grundgesetzes hervor in den Institutionen der Verfassungsgerichtsbarkeit [130], deren Ausgestaltung eine alle bisherigen Formen sprengende Dimension gewonnen hat [131]. Die neue Staatsrechtslage einer Legislative, die namentlich in den Verfahrensformen der Normenkontrolle [132] und Verfassungsbeschwerde [133] gleichsam vor Gericht gestellt werden kann, belastet den Richter im Gesamtgefüge der Verfassung mit einer Verantwortung, der er selbst mit einem Höchstmaß an Weisheit und Wissenschaft kaum gerecht zu werden vermag[134]. Daß in einem Rechtsstaat, der den Richter zum Hüter der Verfassung gegenüber dem Gesetzgeber und zum Verteidiger des Rechts gegenüber der Exekutive erhöht hat[135], die grundgesetzlich garantierte[136] richterliche Unabhängigkeit[137] zur entscheidenden – allen politischen Versuchungen zum Trotz von allen Gewalten integer zu erfüllenden – Aufgabe der Staatspraxis wird, liegt auf der Hand.

II. Substantielle Grundlagen

Sind nach allem so zentrale juristische Formprinzipien wie Unabänderlichkeit bestimmter Fundamentalnormen, Verfassungsbindung des Gesetzgebers, Normativität der Grundrechte, Primat des Rechts und umfassende Gerichtskompetenzen prägende Merkmale der hier untersuchten Staatszielbestimmung, so erschöpft sich in diesen Strukturen gleichwohl nicht die vom Grundgesetz verfaßte Rechtsstaatlichkeit, die mehr ist als nur ein »System rechtstechnischer Kunstgriffe«[138] zur Garantie gesetzlicher Freiheit.
Indessen, die weitere Dimension des geltenden Rechtsstaatsprinzips zu erfassen ist schwer in einer Gegenwart, deren engagierte Jurisprudenz sich anschickt, durch je entgegengesetzte »materiale«[139] Überinterpretation die rechtsstaatliche[140] Substanz der Verfassung zu verschleißen. Maß und Mitte gilt es zu wahren, soll der Rechtsstaat stabil bleiben über demokratische Machtwechsel hinweg. Notwendig ist nicht nur die strikte Respektierung der politikbegrenzenden verfassungsgesetzlichen Zuordnungen, Bindungen und Verfahren. Geboten ist vor allem auch Vorsicht gegenüber einer allzu werthaften[141], der pluralen Gesellschaft unangemessenen »Aufladung« der Verfassung, die das Grundgesetz dem Ansturm wechselnder Ideologien aussetzt und seine normative Geltung schwächt.
Sucht man die essentiellen Verfassungsfundamente zu bestimmen, die dem formellen Gefüge des grundgesetzlichen Rechtsstaates seinen tragenden Sinn verleihen, so treten die Leitideen der Menschenwürde, der Freiheit und der Gleichheit als konstituierende Prinzipien deutlich hervor.

1. *Menschenwürde*

Gleichsam der archimedische Punkt für die Erschließung der Substanz des geltenden Rechtsstaats ist der normative Kernsatz an der Spitze des Grundrechtsteils: Die Würde des Menschen ist unantastbar (Art. 1 I GG). Die dignitas humana erscheint hier, nach einem würdevernichtenden Exzeß der Staatsgewalt in der totalen Diktatur des dritten Reiches, als verfassungsrechtlicher Höchstwert [142] und bildet das alle Grundgesetzbestimmungen überwölbende vornehmste Konstitutionsprinzip [143]. Die vom Bonner Grundgesetz garantierte Unantastbarkeit der Menschenwürde [144] bildet nach einer Schreckensherrschaft grundrechtsentfesselter Inhumanität die unverfügbare Legitimationsgrundlage der neuen Fundamentalordnung des Staates. Der verfassungsrechtliche Begriff menschlicher Würde, in dessen tiefere Schichten Grundelemente christlicher Ethik und idealistischer Philosophie eingegangen sind, betont den unverlierbaren, jedem Zugriff des Staates und der Gesellschaft entzogenen Eigenwert des Menschen als sittlich autonomer Person. Die Verpflichtung aus Art. 1 I GG obliegt aller staatlichen Gewalt, richtet sich also gleichermaßen an Gesetzgebung, Regierung, Verwaltung und Rechtsprechung. Die Menschenwürde, die nicht lediglich geistiger Ausgangspunkt [145] der Grundrechte, sondern Anspruchsgrundlage eines selbständigen Grundrechts ist [146], wurde von den Verfassungsvätern nicht nur gesetzesfest positiviert, sondern wegen ihrer überragenden Bedeutung auch der Einwirkung des verfassungsändernden Gesetzgebers entzogen (Art. 79 III GG).

2. *Freiheit*

Aufs innigste verbunden mit der Rechtsgarantie der Menschenwürde ist die rechtsstaatliche Sicherung der Freiheit als eigentlicher Lebensluft humanen Daseins in Privatheit und Politik.

Die autonome Sphäre der Einzelpersönlichkeit, ein Hauptanliegen des Rechtsstaats [147], hat in den Freiheitsrechten des Grundgesetzes [148] nach dem Untergang des Verfassungsstaates in der vorangegangenen Tyrannis ein neues normatives Fundament gewonnen. Allseitige Entfaltung und Selbstverwirklichung des Menschen, Gegenstand der Anstrengung des Gedankens von Aristoteles über Kant bis zur Philosophie der Gegenwart, findet in der geltenden rechtsstaatlichen Verfassung vornehmsten Ausdruck.

Freilich ist, wie die Gesamtsicht etwa der Grundgesetzartikel 1, 2, 12, 14, 15 und 19 zeigt, die konstituierte Freiheit keine schrankenlose, wie denn auch das der Verfassung vorausliegende Menschenbild von der Vorstellung eines vollkommen selbstherrlichen Individuums darin differiert, daß die menschliche Persönlichkeit unbeschadet ihres Eigenwerts als auf die Gemeinschaft bezogen und ihr mannigfach verpflichtet gewürdigt wird [149].

In diesem grundrechtlichen Rahmen [150] hat der einzelne einen subjektiven Verfassungsanspruch auf individuelle Entfaltung, die freilich in der industriellen Massengesellschaft unserer Zeit [151] immer schwerer zu realisieren ist angesichts des Überdrucks der auf dem Individuum lastenden sozialen Vermachtungen, ökonomischen Abhängigkeiten, bürokratischen Zwänge, ideologischen Manipulationen und existentiellen Ängste [152]. In dieser epochalen Krise einer Kultur [153], die gegründet ist auf die Idee der zu eigenem Lebensentwurf und Daseinsaufbau berufenen freien Persönlichkeit, verheißt der Rechtsstaat allein weder Heil noch Erlösung. Doch er läßt dem Menschen, dem er notfalls sozialstaatlich zu Hilfe kommt, die höchstmögliche Freiheit [154], standhaft gegen staatlichen Totalitarismus und gesellschaftlichen Kollektivismus ein Leben in Würde zu führen.

3. Gleichheit

Neben der Menschenwürde und der Freiheit [155] gehört die Gleichheit zu den substantiellen Grundlagen [156] des Rechtsstaats [157]. Bereits die »republikanische Verfassung« Kants enthielt neben dem Prinzip der Freiheit unter dem Gesetz das konstitutive Element der Gleichheit aller als Staatsbürger [158]. Fundiert im säkularisierten Naturrecht, scheint der grundgesetzliche Menschenrechtssatz der Gleichheit vor dem Gesetz (Art. 3 I GG) wie eine normative Verweltlichung der Lehre von der Gleichheit vor Gott [159].

Der geltende Gleichheitssatz, der im Unterschied zur Weimarer Reichsverfassung[160] nicht nur Deutsche berechtigt und sogar den Gesetzgeber bindet[161], wäre auch ohne ausdrückliche grundgesetzliche Verbürgung insofern rechtens, als die Gleichheit vor dem Gesetz im Sinne einer – diskriminierungsfreien und privilegienfeindlichen – gleichmäßigen Anwendung des Gesetzes der rechtsstaatlichen Generellität der Norm ipso iure innewohnt[162]. Problematisch erschien anfänglich der Sachgehalt des gesetzgebungsverbindlichen Gleichheitsgrundrechts, das aber schon bald eine der Freiheit des Gesetzgebers in der parlamentarischen Demokratie entsprechende, heute allgemein anerkannte Auslegung erfahren hat. Danach hat der Gesetzgeber Gleiches gleich, Ungleiches aber seiner Eigenart gemäß verschieden zu behandeln und die Frage, welche Lebenstatbestände als gleich oder ungleich anzusehen sind, in willkürfreier Weise selbst zu entscheiden[163].

Gleichheit[164] als unbestimmter Verfassungssatz eignet sich vorzüglich zum offenen Einfallstor der gesellschaftlichen Tendenzen in die Normativität[165]. Daß aber die normative Kraft des Verfassungsrechts gewahrt bleibe[166] gegenüber dem maßlosen Druck der Gegenwart zu entwürdigender Nivellierung und freiheitsvernichtender Egalität[167], ist eine Hauptaufgabe rechtsstaatlicher Jurisprudenz[168]. Wie jede Radikalisierung einzelner Konstitutionsprinzipien, so wäre auch eine extreme Übersteigerung der Gleichheit das Ende des Rechtsstaats als einer auf humane Gerechtigkeit angelegten Verfassung der individuellen und politischen Freiheit.

Anmerkungen

1 So H. Krüger, Rechtsstaat – Sozialstaat – Staat, 1975, 13. – Das Thema »Rechtsstaat« vermißt man neuestens auch in der zweibändigen Festgabe zum 25jährigen Jubiläum des BVerfG: Bundesverfassungsgericht und Grundgesetz, 1976. – Das Stichwort »Rechtsstaat« fehlt ferner in Sachregistern von zeitgenössischen Studienbüchern zur modernen Verfassungsgeschichte (vgl. z. B. F. Hartung, Deutsche Verfassungsgeschichte vom 15. Jahrhundert bis zur Gegenwart, 9. Aufl. 1969, und R. Scheying, Deutsche Verfassungsgeschichte der Neuzeit, 1968), obwohl doch der Rechtsstaatsgedanke als ein »Zentralbegriff der neueren deutschen Verfassungsgeschichte« (U. Scheuner) anzusehen ist.

2 Vgl. E. Wolf, Maß und Gerechtigkeit bei Solon, Festschrift für R. Laun (Gegenwartsprobleme des internationalen Rechts und der Rechtsphilosophie) 1953; E. Barker, Greek Political Theorie, Oxford 1925, 44; R. Marcic, Die Sache und der Name des Rechtsstaats, in: M. Imboden (Hg.), Gedanke und Gestalt des demokratischen Rechtsstaats, 1965, 60.

3 Aristoteles, Politik, Buch III, 1287 a (Artemis-Ausgabe 1955/1971).

4 Siehe die Formulierungen bei Aristoteles, Politik, Buch I, 1253 a (a.a.O.).

5 Dazu allgemein Th. Mayer-Maly, Zur Rechtsgeschichte der Freiheitsidee in Antike und Mittelalter, ÖZöR 1955, 419. – Daß dem antiken Konstitutionalismus verfassungsrechtlich geschützte autonome Privatbereiche unbekannt waren, betont besonders K. Löwenstein, Verfassungslehre, 2. Aufl. 1969, 335, 336; ders. – Rom und die allgemeine Staatslehre, AöR 96 (1971), 1, 12, 22; vgl. ferner O. von Gierke (Naturrecht und Deutsches Recht, in: W. Maihofer, Hrsg., Begriff und Wesen des Rechts, 1973, 244, 264), der bemerkt, daß im »antik-heidnischen Staat ... inmitten aller politischen Freiheit für die Individualfreiheit kein Raum war«. Im Ergebnis ebenso G. Oestreich, Geschichte der Menschenrechte und Grundfreiheiten im Umriß, 1968, 15, 18.

6 Dies anerkennt auch A. J. Merkl, Festschrift für H. Kelsen, 1971, 129, ungeachtet seiner der Reinen Rechtslehre gemäßen Feststellung, jeder Staat sei als Rechtsstaat anzusehen, so daß es »willkürlich ist, einen bestimmten Staatstypus vor dem anderen just als ›Rechtsstaat‹ auszuzeichnen« (a.a.O., 128).

7 So vor allem A. Menzel, Beiträge zur Geschichte der Staatslehre, 1929.

8 Daß das rechtsstaatliche Denken schon seit Anbeginn in Spannung stand mit dem demokratischen Prinzip, betonen u. a. auch E. W. Böckenförde, Festschrift für A. Arndt, 1969, 58, und W. Kägi, Festgabe für Giacometti, 1953, 121. – Zu den zeitgeschichtlichen Bedrohungen des Rechtsstaats durch die

Demokratie vgl. G. Dietze, Festschrift für C. J. Friedrich (Theory and Politics) 1971, 526, 529 ff.

9 Gewaltenteilung und Freiheitsrechte als Grundpfeiler der Verfassung betont insbesondere die Declaration des Droits de l'homme et du citoyen von 1789, vgl. W. Kägi, Die Verfassung als rechtliche Grundordnung des Staates, 1945/1971, 43.

10 Siehe M. Kaser, Römische Rechtsgeschichte, 2. Aufl. 1967, 209. – Daß weder in der griechischen noch in der römischen Antike ein Rechtsstaat i. e. S. hervorgebracht wurde, konzediert im Ergebnis auch H. Schambeck, Vom Sinnwandel des Rechtsstaats, 1970, 5, 7.

11 Insbesondere Cicero mit seinem Konzept der Freiheit unter dem Gesetz (»omnes legum servi sumus ut liberi esse possimus«) ist hier zu nennen, vgl. F. A. von Hayek, Die Verfassung der Freiheit, 1971, 206. – Die Affinität der ciceronischen Formel zu der nordamerikanischen Verfassungsforderung eines government of law and not of men betont besonders C. J. Friedrich, Die Philosophie des Rechts in historischer Perspektive, 1955, 21.

12 Siehe McKechnie, Magna Charta, 2. Aufl., Glasgow 1914, 103 f.

13 So die Überschrift einer rechtshistorischen Studie von P. Colliva, in: Internationales Colloquium über Menschenrechte, Berlin 1966, 1. ff. – Vgl. dagegen O. v. Gierke, Johannes Althusius und die Entwicklung der naturrechtlichen Staatstheorien, 5. Neuausgabe 1958, 264, 266 ff.

14 Dies der Titel einer »Studie zur Vorgeschichte moderner Verfassungsgrundrechte« von R. v. Keller, 1933.

15 Daß während des ganzen Mittelalters von der Formulierung bestimmter individueller Freiheitsrechte trotz allen freiheitlichen Denkens noch nicht die Rede war, unterstreicht (im Anschluß an eine Untersuchung G. Jellineks über die Wurzeln der Menschenrechte) F. Hartung, Die Entwicklung der Menschen- und Bürgerrechte von 1776 bis zur Gegenwart, 4. Aufl. 1972, 11.

16 Siehe hierzu O. Brunner, Mittelalterlicher Verfassungsbegriff und mittelalterliche Verfassungsgeschichte, in: H. Kämpf, Herrschaft und Staat im Mittelalter, 1956, 8.

17 Vgl. O. Vossler, Studien zur Erklärung der Menschenrechte, Hist. Zsch. 1930, 518; F. Kern, Recht und Verfassung im Mittelalter, 1958, 2. Aufl., 12; E. Jenks, Law and Politics in the Middle Ages, London 1898, 24 f.

18 Dazu H. Mitteis, Der Staat des hohen Mittelalters. Grundlinien einer vergleichenden Verfassungsgeschichte des Lehnszeitalters, 8. Aufl., Weimar 1968, 8; F. Kern, Gottesgnadentum und Widerstandsrecht im frühen Mittelalter, 2. Aufl. 1954/Nachdruck 1973, 138 ff.

19 Zu den Rechtsschutzmöglichkeiten für bestimmte Personen- und Fallgruppen vgl. H. Schambeck, a.a.O., 8.

20 So z. B. von G. Jellinek, Allgemeine Staatslehre, 3. Aufl. 1914/Neudruck 1966, 247.

21 Vgl. dazu allgemein: J. Dunn, The Political Thought of John Locke, Cambridge 1969; W. Euchner, Naturrecht und Politik bei John Locke, 1969; R. Polin, La politique morale de John Locke, Paris 1960; J. W. Gough, John Locke's Political Philosophy, Oxford 1956.

22 Freilich vermeidet »le sage Locke« (Voltaire) in seinem »Second Treatise of Government« den ausdrücklichen Bezug auf Hobbes, dessen »mighty leviathan« aber im Text auftaucht (a.a.O., Kap. VIII, 98). – Zur Rechtlosigkeit des Untertanen gegenüber der Staatsgewalt Hobbes'scher Konzeption vgl. O. v. Gierke, Johannes Althusius und die Entwicklung der naturrechtlichen Staatstheorien, 5. Neuausgabe 1958, 293.

23 Second Treatise, Kap. IX, 123. – Daß »Property« hier für die spätere Grundrechtstrias »Leben, Freiheit und Eigentum« steht, betont besonders E. Benda, Eigentum und Eigentumsbindung, in: Bitburger Gespräche, Jahrbuch 1972/73, 54.

24 Second Treatise, Kap. I, 3.

25 Daß der Mensch weder gut noch schlecht, sondern eine »liquide Masse« (Musil) sei, wird nicht erst in der nachidealistischen Anthropologie angenommen (vgl. etwa A. Gehlen, Moral und Hypermoral. Eine pluralistische Ethik, 2. Aufl. 1970, passim). Selbst Kant bemerkt (Anthropologie in pragmatischer Hinsicht): »Fragt man, ob die Menschengattung als eine gute oder schlimme Rasse anzusehen sei, so muß ich gestehen, daß nicht viel damit zu prahlen sei«; noch konkreter (Idee zu einer allgemeinen Geschichte in weltbürgerlicher Absicht): »(Es) würden bei einem arkadischen Schäferleben, bei vollkommener Eintracht, Genügsamkeit und Wechselliebe, alle Talente ewig in ihren Keimen verborgen bleiben. Die Menschen, gutartig wie die Schafe, die sie weiden, würden ihrem Dasein kaum größeren Wert verschaffen, als dieses ihr Hausvieh hat . . . Dank sei also der Natur für die Unvertragsamkeit, für die mißgünstig wetteifernde Eitelkeit, für die nicht zu befriedigende Begierde zum Haben, oder auch zum Herrschen«.

26 Second Treatise, Kap. VIII, 107; vgl. dazu insbesondere H. Steinberger, Konzeption und Grenzen freiheitlicher Demokratie, 1974, 62 ff.

27 Ähnlich wie hier R. Zippelius (Geschichte der Staatsideen, 1971, 111), wonach »jene Staatsdenker, die dem Menschen nicht allzuviel Gutes zutrauen, die im Ergebnis menschlichsten Staatsmodelle entworfen (haben)«, während »die Optimisten . . . von Platon bis Marx, allemal der Bedrückung den Weg gewiesen (haben)«.

28 Vgl. etwa C. J. Friedrich, Der Verfassungsstaat der Neuzeit, 1953, 198.

29 So z. B. bei H. Fenske, Art. Gewaltenteilung, in: Brunner/Conze/Koselleck (Hg.), Geschichtliche Grundbegriffe, Bd. II (1975), 923.

30 Second Treatise, Kap. XII, 143, Zit. nach der Übersetzung v. D. Tidow, Über die Regierung (hg. v. P. C. Mayer-Tasch), 1974, 111.

31 Zit. nach der Textausgabe von F. Hartung, Die Entwicklung der Menschen- und Bürgerrechte von 1776 bis zur Gegenwart, 4. Aufl., 1972, 41. – Daß die Gedanken Locke's nicht nur auf die angloamerkanische, sondern auch auf die kontinentale Verfassungsbewegung eingewirkt haben, wird besonders deutlich in den Beratungen der französischen Nationalversammlung von 1789 und 1791, vgl. dazu R. Redslob, Die Staatstheorien der französischen Nationalversammlung von 1789. Ihre Gundlagen in der Staatslehre der Aufklärungszeit und in den englischen und amerikanischen Verfassungsgedanken, 1912.

32 S. allgemein etwa V. Klemperer, Montesquieu, 2 Bde., 1914; H. Maier, Montesquieu und die Tradition, Festschrift für H. Kuhn, 1964, 267, und ferner das Sammelwerk: La Pensée politique et constitutionelle de Montesquieu. Bicentenaire de l'Esprit des Lois (1748–1948), Paris 1952.

33 Vgl. De l'Esprit des Lois, 2 Bde., Paris 1973 (hg. von R. Derathé). – S. ferner Montesquieu, Vom Geist der Gesetze, Taschenbuch-Ausgabe 1967 (ausgewählt, übertragen und eingeleitet von E. Forsthoff).

34 Esprit des Lois, XI, 4.

35 Daß unkontrollierte Macht böse ist, wurde auch in jüngerer Zeit eindringlich dargelegt u. a. von K. Loewenstein, Verfassungslehre, 2. Aufl., 1969, 8.

36 Vgl. Duguit, Manuel de Droit constitutionnel, 4. Aufl. 1923, 316 f.

37 So etwa von C. Schmitt, Die Diktatur. Von den Anfängen des modernen Souveränitätsgedankens bis zum proletarischen Klassenkampf, 3. Aufl. 1964, 109, und R. Smend, Verfassung und Verfassungsrecht, in: Ders., Staatsrechtliche Abhandlungen, 2. Aufl. 1968, 208.

38 Montesquieu vollendete das Werk als reifer Mann an der Schwelle des 7. Lebensjahrzehnts nach einer angestrengten Arbeit von nicht weniger als 20 Jahren, vgl. auch C. F. Menger, Deutsche Verfassungsgeschichte der Neuzeit, 1975, 76 ff.

39 S. hierzu P. Barrière, L'humanisme de l'Esprit des lois, in: Bicentenaire ..., a.a.O., 97 ff.

40 Esprit des Lois, VIII, 2.

41 Esprit des Lois, XI, 4.

42 Knapp und klar wird konstatiert, daß die Demokratie (ebensowenig wie die Aristokratie) ihrer Natur nach durchaus kein freiheitliches System ist, daß sich vielmehr Freiheit nur in gemäßigten Regierungsformen findet, vgl. Esprit des Lois, XI, 4.

43 Esprit des Lois, XIX, 14.

44 Esprit des Lois, I, 3.

45 Esprit des Lois, XI, 4.

46 Die große Bedeutung vor allem des Prinzips der »Mäßigung« in der Verfassungstheorie Kants betont u. a. C. J. Friedrich, Die Philosophie des Rechts in historischer Perspektive, 1955, 64 (Über den Begriff des »temperierten« Staates bei Bodin vgl. H. Rehm, Geschichte der Staatswissenschaft, 1896/Nachdruck 1967, 230). Allgemein gilt Kant als geistiger Vater des Rechtsstaatsideals, vgl. z. B. E. R. Huber, Nationalstaat und Verfassungsstaat, 1965, 235, 255; F. Müller, Korporation und Assiciation, 1965, 221; für eine Überprüfung dieser Einschätzung H. Krüger, in: Blühdorn/Ritter, Philosophie und Rechtswissenschaft. Zum Problem ihrer Beziehung im 19. Jahrhundert, 1969, 49 ff.

47 I. Kant, Metaphysik der Sitten, Erster Teil, hg. von K. Vorländer, 1922/1966.

48 Metaphysik, a.a.O., § 45.

49 ibid.

50 An den Kant freilich ebensowenig direkt anknüpft wie an Montesquieu.

51 Hier zit. nach W. Schönfeld, Grundlegung der Rechtswissenschaft, 1951, 398.

52 Metaphysik der Sitten, a.a.O., § 46.

53 Metaphysik der Sitten, a.a.O., § 47.

54 I. Kant, Geschichtsphilosophie, Ethik und Politik (hg. von K. Vorländer) 1913/1973, 115 ff.

55 Zum ewigen Frieden, a.a.O., 126.

56 ibid., 128.

57 ibid., 126. – Gleichheit als Staatsbürger und Ungleichheit als (freie) Menschen bestehen also in der idealen Staatsverfassung zusammen; ja, die mit dem Beginn der Kulturgeschichte einsetzende, sich zunehmend ausdifferenzierende »Ungleichheit unter Menschen« sieht Kant als die »reiche Quelle so vieles Bösen, aber auch alles Guten« an, vgl. I. Kant, Mutmaßlicher Anfang der Menschengeschichte, in: ders., Werke in sechs Bänden (hg. von W. Weischedel), Bd. VI, 97; im Ergebnis zustimmend auch R. Dahrendorf, Über den Ursprung der Ungleichheit unter den Menschen, 1966, 5, (in Frontstellung gegen die revolutionäre Romantik von Rousseau und Marx) mit der Betonung, daß Ungleichheit ein Moment der individuellen Freiheit und der terrorfreien Entwicklung von Gesellschaften sei, a.a.O., 34, 37.

58 Zum ewigen Frieden, a.a.O., 129.

59 Über den Gemeinspruch: Das mag in der Theorie richtig sein, taugt aber nicht für die Praxis, in: Kant, Geschichtsphilosophie ... (hg. von Vorländer, a.a.O.), 95.

60 ibid., 87.

61 ibid.

62 ibid., 96.

63 Daß es freilich nur der Freiheit bedürfe, um den guten Menschen und die vollkommene Gesellschaft hervorzubringen, hat der Idealist Kant nicht an-

genommen. Bezeichnend ist die trockene Diagnose in seiner »Idee zu einer allgemeinen Geschichte in weltbürgerlicher Absicht«: »Aus so krummem Holze, als woraus der Mensch gemacht ist, kann nichts ganz Gerades gezimmert werden«. Vgl. Kants Ges. Schriften (hg. v. d. Preuß. Akad. d. Wiss. 1902–1941), VII, 23. – In diesem Sinne auch seine Mahnung: »... wir müssen uns von Menschen in ihren Fortschritten zum Bessern auch nicht zuviel versprechen, um nicht in den Spott des Politikers mit Grunde zu verfallen ...«, Kant, Der Streit der Fakultäten, in: Werke, ed. Weischedel, a.a.O., 365.

64 Dazu näherhin C. Schmitt, Verfassungslehre, 1928/1970, 5, unveränderte Aufl., 36 ff.

65 Die »dominierende Bedeutung des Freiheitsprinzips für den Rechtsstaat« betont u. a. besonders H. Nawiasky, Allgemeine Staatslehre, 3. Teil, 1956, 126, 129.

66 Über die Rolle des dt. Staatsrechts im 19. Jh. in der Entwicklungslinie vom antiken Bürger zum modernen Bourgois und über die Bedrohung des Staatsbürgers durch quasireligiöse Totalitarismen der Gegenwart vgl. R. Smend, Bürger und Bourgois im deutschen Staatsrecht, in: ders., Staatsrechtliche Abhandlungen, 2. Aufl. 1968, 309, 312, 324.

67 Siehe H. Maier, Ältere deutsche Staatslehre und westliche politische Tradition, 1966, 10, unter Hinweis auf Seckendorffs »Teutschen Fürstenstaat« von 1656; dies schließt nicht aus, daß das Wort »Staat« anfänglich in der deutschen Rechtsprache den pejorativen Beigeschmack von »ragione di stato« hatte, vgl. H. Kelsen, Allgemeine Staatslehre, 1925/Nachdruck 1966, 90.

68 Vgl. O. Mayer, Deutsches Verwaltungsrecht, 1. Bd., 3. Aufl. 1924/Nachdruck 1969, 38, 54.

69 Hier zitiert nach Art. XVI der Französischen Verfassung vom 3. 9. 1791, abgedruckt in F. Hartung, Die Entwicklung der Menschen- und Bürgerrechte von 1776 bis zur Gegenwart, 4. Aufl. 1972, 45, 48.

70 Vgl. Art. 1 und 5, Text bei F. Hartung, a.a.O., 41.

71 Siehe etwa die Verfassung von 1795 (Art. 1 und 22, Abschn. »Droits«), ferner die Verfassungen von 1848 und 1870, die die 1789 proklamierten Prinzipien bekräftigen.

72 Zur verfassungshistorischen Bedeutung der Arbeiten der Frankfurter Nationalversammlung vgl. O. Kimminich, Deutsche Verfassungsgeschichte, 1970, 357 ff., und C.-F. Menger, Deutsche Verfassungsgeschichte der Neuzeit, 1975, 136 ff.

73 Daß das GG als erste deutsche Verfassung den Begriff »Rechtsstaat« in ihren Text aufgenommen hat, ist wiederholt bemerkt worden, zuletzt von G.-C. v. Unruh, Besinnung auf den Rechtsstaat, DÖV 1974, 508.

74 So schon R. Gneist, Der Rechtsstaat und die Verwaltungsgerichte in Deutschland, 2. Aufl. 1879/Nachdruck 1966, 333, Anm. 2, und zuletzt A. Laufs, Eduard Lasker und der Rechtsstaat, in: Der Staat, 13 (1974), 365, 370.

75 Band I, 2. Aufl. 1844 (erstmals 1823/33 erschienen), hier zit. nach R. v. Mohl, Politische Schriften (hg. v. K. v. Beyme), 1966.

76 Der Bürger »selbst soll handeln ... innerhalb der Gränzen der Vernunft und des Rechts ... Der Staat ... ist nur ein, freilich höchst mächtiges ... Mittel«, Mohl, a.a.O., 16.

77 Dessen Geistesverwandtschaft mit den wirtschaftspolitischen Anschauungen des älteren Liberalismus betont besonder R. Thoma, Rechtsstaatsidee und Verwaltungsrechtswissenschaft, JöR 4 (1910) 196, 198. – Vgl. im übrigen G. Dietze, Robert v. Mohl, Germany's de Tocqueville, in: Essays on the American Constitution, A Commemorative Volume in Honor of Alpheus T. Mason, 1964, 187 ff.

78 F. J. Stahl, Die Philosophie des Rechts, 2. Bd., 2. Abt., Die Staatslehre und die Prinzipien des Staatsrechts, 5. Aufl. 1878/Nachdruck 1963, 137 f.

79 R. Gneist, a.a.O. (Fn 72), 33. – Gegen die verbreitete Unterbewertung des Gneist'schen Beitrages, der bereits den Zusammenhang von Rechtsstaat und freiheitlicher Grundordnung miteinbezog, wendet sich nachdrücklich U. Scheuner, Die neuere Entwicklung des Rechtsstaats in Deutschland, in: Hundert Jahre deutsches Rechtsleben (Juristentags-Festschrift), 1960, 229, 240 f.

80 Kennzeichnend etwa L. v. Stein (Rechtsstaat und Verwaltungsrechtspflege, Grünhuts Zeitschrift, Bd. VI, 1879, 26, 55): »Der Rechtsstaat ist die durch das Gericht verwirklichte verfassungsmäßige Verwaltung«.

81 Nachdem O. Bähr (Der Rechtsstaat. Eine publizistische Studie, 1. Aufl. 1864/Neudruck 1963) »die Verweigerung der Rechtsprechung auf dem Gebiete des öffentlichen Rechts (als) letzten Schlupfwinkel des Polizeistaates« markiert hat (a.a.O., 134), faßt er den Grundgedanken seiner Untersuchung so zusammen: »Damit der ›Rechtsstaat‹ zur Wahrheit werde, genügt es nicht, daß das öffentliche Recht durch Gesetze bestimmt sei, sondern es muß auch eine Rechtsprechung geben, welche das Recht für den concreten Fall feststellt, und damit für dessen Wiederherstellung, wo es verletzt ist, eine unzweifelhafte Grundlage schafft« (a.a.O., 192).

82 Siehe die Belege bei R. Thoma (a.a.O., 199 [Anm. 77]) mit dem Facit, die formal-juristische Rechtsstaatsidee habe »in ihrem ganzen Gehalte unmittelbaren Gegenwartswert« (a.a.O., 201). – Daß sich der Rechtsstaat des 19. Jahrhunderts zum Rechtsschutzstaat entwickelte, erscheint einer soziologischen Betrachtung nicht als Zufall, vgl. N. Luhmann, Politische Planung, 1971, 58.

83 So etwa E. W. Böckenförde, Entstehung und Wandel des Rechtsstaatsbegriffs

(Festschrift für Adolf Arndt, 1969, 58) unter Hinweis auf Mohl, v. Aretin/Rotteck, Welcker und v. Stein.

84 Daß es Deutschland mit der WRV gelungen sei (wenn auch sehr verspätet), im »überzeugenden Pathos demokratischer Selbstgestaltung des politischen Daseins das Vermächtnis der Französischen Revolution und des 19. Jahrhunderts zu erfüllen«, ist eine m. E. zu weitgehende Deutung von W. Weber, Spannungen und Kräfte im westdeutschen Verfassungssystem, 3. Aufl. 1970, 11.

85 Die Notwendigkeit dieser Bauelemente für den anthropozentrisch aufgefaßten Staat betont mit Recht R. Herzog, Allgmeine Staatslehre, 1971, 142.

86 Vgl. auch W. Apelt, Geschichte der Weimarer Verfassung, 2. Aufl., 1964, 253–256.

87 So ausdrücklich R. Smend, Deutsche Staatsrechtswissenschaft vor hundert Jahren – und heute, Festschrift für A. Arndt, 1969, 451, 459.

88 Charakteristisch die reichsgerichtliche Inanspruchnahme des Prüfungsrechts von Parlamentsgesetzen seit 1925 und das stärkere Hervortreten des Staatsgerichtshofs für das Deutsche Reich, vgl. im einzelnen E. v. Hippel, Das richterliche Prüfungsrecht (bei Anschütz/Thoma, HdbDStR II, 1932, 546), und C. Schmitt, Das Reichsgericht als Hüter der Verfassung (in: ders., Verfassungsrechtliche Aufsätze aus den Jahren 1924–1954, 2. Aufl. 1973, 63 ff.)

89 Schwerlich wollte Triepel (VVDStRL 7, 1932, 197) damit die Existenz eines apriorischen, übergeschichtlichen, »absoluten« Begriffs des Rechtsstaats behaupten, zumal er sich der Verbindungen zwischen »Staatsrecht und Politik« (ders., Staatsrecht und Politik, 1927) bewußt war.

90 Vgl. die immer noch höchst instruktive Darstellung Carl Schmitts (Verfassungslehre, a.a.O., 40, 128–133), frei von jeder »romantisierenden Konkretheit des Denkens«, a. A. N. Luhmann, in: J. Habermas/N. Luhmann, Theorie der Gesellschaft oder Sozialtechnologie, 1972, 403.

91 Weshalb die ideen- und verfassungsgeschichtliche »Erinnerung« für die staatsrechtliche Bestimmung des gegenwärtigen Rechtsstaats nicht ganz bedeutungslos erscheint, in diesem Sinne grundsätzlich auch C. Starck, Der Gesetzesbegriff des Grundgesetzes, 1970, 73; D. Jesch, Gesetz und Verwaltung, 2. Aufl. 1968, 166; J. Isensee, Der Dualismus von Staat und Gesellschaft, Sonderdruck aus: Staat und Gesellschaft 1976, 322, 323; E.-W. Böckenförde, Staat. Gesellschaft. Freiheit, 1976, 100; BVerfGE 2, 403 (verfassungsmäßige Leitidee des Rechtsstaats, von der der Verfassungsgeber ausging), O. v. Gierke, Labands Staatsrecht und die Deutsche Rechtswissenschaft, Schmollers Jahrbuch n. F. VII (1883), 1097 ff./ Sep. 1961, 18, 22.

92 Zur verfassungsrechtlichen Problematik der Sozialstaatlichkeit, Bundesstaatlichkeit und Demokratie siehe kurz R. Weber-Fas, Freiheitliche Verfassung und sozialer Rechtsstaat, 1976, 14 f., 19 f., 21 f.

93 Art. 20 I, 28 GG. – Zu den Minimalgehalten der Beiworte »republikanisch«, »demokratisch«, »sozial« und des Hauptwortes »Rechtsstaat« in Art. 28 I GG vgl. H. Nawiasky, Die Grundgedanken des Grundgesetzes für die Bundesrepublik Deutschland, 1950, 66.

94 Mit Recht bemerkt E. R. Huber (Rechtsstaat und Sozialstaat in der modernen Industriegesellschaft, in: ders., Nationalstaat und Verfassungsstaat, 1965, 249 f.), daß der soziale Rechtsstaat des GG keine bloße Addition zweier prima facie antinomischer Begriffe, sondern ein zusammengehöriges Ganzes ist, daß aber zunächst einmal zu fragen ist, »was denn der Rechtsstaat und was der Sozialstaat, jeder für sich allein betrachtet, eigentlich sei«.

95 Für die Verächter des Formellen ein Wort Fichtes: »Man meint es nicht gut mit der Menschheit, wenn man sie aller Formulare überheben will«, J. G. Fichte, Grundlage des Naturrechts nach Prinzipien der Wissenschaftslehre, Neudruck 1960, 184. – Daß die formellen Verfassungselemente des Rechtsstaats mehr bedeuten als bloße Legalitätsraster, betont nachdrücklich auch K. Hesse, Der Rechtsstaat im Verfassungssystem des Grundgesetzes, Festgabe für R. Smend, 1962, 71, 81, 83.

96 Ungeachtet der mangelnden demokratischen Legitimation der Konstituante nach einer historisch beispiellosen Staatskatastrophe hat das ursprünglich nur als Provisorium geschaffene Grundgesetz sich zur echten Verfassung entwickelt, vgl. Weber-Fas, Freiheitliche Verfassung und sozialer Rechtsstaat, 1976, 9.

97 ». . . im Sinne dieses Grundgesetzes . . .«, Art. 28 I GG.

98 Weshalb man dem GG gelegentlich vorgeworfen hat, es behandele den Staat, »als sei er von Grund auf böse«, so W. Weber, DVBl. 1969, 418.

99 Zur Pervertierung des Rechtsstaates im Gefolge des Ermächtigungsgesetzes von 1933 vgl. F. Schneider, Die politische Komponente der Rechtsstaatsidee in Deutschland, Pol. VjSchr IX (1968), 330, 347.

100 Bezeichnend für die Kluft zwischen GG und WRV zum Grundproblem der Grenzen von Verfassungsänderungen ist eine Kommentierung wie diese: »Der Gedanke einer besonderen, von der gesetzgebenden Gewalt verschiedenen und ihr übergeordneten verfassungsgebenden Gewalt ist, im Gegensatz zu Nordamerika, dem deutschen Staatsrecht nach wie vor fremd. Die Verfassung steht nicht über der Legislative, sondern zur Disposition derselben . . .«, so G. Anschütz. Die Verfassung des Deutschen Reiches, 14. Aufl. 1933/Neudruck 1968, S. 401 (zu Art. 76 WRV).

101 Die Unentbehrlichkeit einer gemäßigten Verfassung für die freiheitlich-politische Verwirklichung des Rechtsstaats unterstreicht mit Recht vor allem U. Scheuner, Die neuere Entwicklung des Rechtsstaats in Deutschland, a.a.O., 1960, 232, 250.

102 Neustens zur historischen Entwicklung: H. Fenske, Gewaltenteilung, in:

Brunner/Conze/Koselleck (Hg.), Geschichtliche Grundbegriffe, Bd. II (1975), 923 ff. – Vgl. im übrigen P. Schneider, Zur Problematik der Gewaltenteilung im Rechtsstaat der Gegenwart, AöR 82 (1957), 1 ff.; W. Weber, Die Teilung der Gewalten als Gegenwartsproblem, Festschrift für C. Schmitt, 1959, 253 ff.; W. Kägi, Von der klassischen Dreiteilung zur umfassenden Gewaltenteilung, Festschrift für H. Huber, 1961, 151 ff.

103 So ausdrücklich auch K. Doehring, Das Staatsrecht der Bundesrepublik Deutschland, 1976, 189; K. Hesse, Grundzüge des Verfassungsrechts der Bundesrepublik Deutschland, 8. Aufl., 1975, 195; BVerfGE 2, 403; 25, 290.

104 Vgl. etwa H. H. Klein, Gefährdung des Prinzips der Gewaltenteilung in der Bunderepublik Deutschland, Beilage z. Zeitschr. Das Parlament (Aus Politik und Geschichte), B 50/74, 3 ff.

105 Art. 79 III GG.

106 H. Peters, Geschichtliche Entwicklung und Grundfragen der Verfassung, 1969, 193.

107 O. Mayer, Deutsches Verwaltungsrecht, 1. Bd., 3. Aufl. 1924/Neudruck 1969, 57.

108 BVerfGE 2, 13; 7, 188; 34, 59.

109 Den Funktionsverlust der Trennung von Legislative und Exekutive im modernen Parteienstaat vermerkt auch R. Zippelius, Geschichte der Staatsideen, 1971, 113.

110 Daß dennoch die Teilung der staatlichen Funktionen als Schutz gegen Willkür der Funktionsträger und als verfassungsrechtliche Kompetenzordnung auch in der Gegenwart ihren Sinn behalten hat, betont mit Recht P. Badura, Über den Rechtsstaat, Recht und Gesellschaft, 1974, 13, 15.

111 Hierzu allgemein D. Jesch, Gesetz und Verwaltung, 2. Aufl. 1968; H. H. Rupp, Grundfragen der heutigen Verwaltungsrechtslehre, 1965; K. Vogel, Gesetzgeber und Verwaltung, VVDStRL 24 (1966), 125 ff.

112 So aber eine Lehrmeinung im Anschluß an die Theorie der Rechtserzeugungsstufen von H. Kelsen, Allgemeine Staatslehre 1925/Nachdruck 1966, 249.

113 Für die Entbehrlichkeit dieses »freilich liebgewordenen« Instituts unter dem geltenden Grundrechtssystem plädiert K. Vogel (VVDStRL 24, 151, 180), a. A. etwa P. Padura (a.a.O., 212), der mit Rücksicht auf die vom GG übernommenen tradierten politischen Ideen dem Vorbehalt des Gesetzes ein selbständiges Gewicht neben dem Grundrechtskatalog beimißt.

114 So grundsätzlich schon O. Mayer (a.a.O., 68), wonach der von ihm wohl erstmalig sogenannte »Vorrang des Gesetzes« für die Justiz ipso iure gilt, während das Gesetz im Verhältnis zur Verwaltung »einem auf eigenen Bahnen einhergehenden Staatswillen (begegnet), der nicht bloß dient, sondern selber herrscht ... und selber frei bestimmen mag, was Rechtens sein soll und was nicht«.

115 Hiernach konnte die Verwaltung ihre öffentlichen Geschäfte innerhalb der Grenzen des Gesetzes so frei betreiben wie der Privatmann seine Rechtsgeschäfte, vgl. P. Laband, Das Saatsrecht des Deutschen Reiches, Bd. II, 1. Aufl. 1876, 200.

116 Zur Frage eines gesetzlicher Ermächtigung nicht bedürftigen Mandats der Exekutive angesichts einer wohlfahrtsstaatlichen Wirtschaftspolitik und -verwaltung vgl. P. Badura, Wirtschaftsverwaltungsrecht, in: I. v. Münch (Hg.), Besonders Verwaltungsrecht, 2. Aufl. 1970, 256, und die dort zitierte Rspr. zur Beschränkung des Gesetzesvorbehalts auf die sog. Eingriffsverwaltung.

117 Ohne sie freilich zum unschöpferischen Vollzugsautomaten zu degradieren.

118 Über die verschiedenen Bedeutungen des Wortes »Gesetz« in der Verfassungsurkunde vgl. C. Starck, Der Gesetzesbegriff des Grundgesetzes, 1970, und G. Roellecke, Der Begriff des positiven Gesetzes und das Grundgesetz, 1969. – Mit Bezug auf den theoretischen Agnostizismus H. Hellers wird der induktiv-exegetische Ansatz Starcks ebenso kritisiert wie der (angeblich zu einem sprachlosen »Sprung ins Dunkle« führende) spekulativ-sprachphilosophische Versuch Roelleckes von E. Denninger, Staatsrecht 1. Die Leitbilder: Leerformeln? Lügen, Legitimationen?, 1973, 110, 111.

119 Von einer tendenziellen Erosion des Gesetzes als Grundlage der Rechtsanwendung durch die Überzahl rasch wechselnder und oft minderwichtiger Normen spricht u. a. auch U. Scheuner, a.a.O., 261. – Abgesehen von dieser Informations- und Geltungskrise durch Normenüberflutung konstatiert einen tieferen zeitgeschichtlichen »Autoritätsverlust des Rechts«, K. Doehring, Festschrift für Forsthoff, 1972, 103 ff.

120 Nach P. Lerche (Stil, Methode, Ansicht. DVBl. 1961, 692) ein »noch kaum erhellter, jedenfalls selbst unsicherer Tabu-Begriff«.

121 P. Laband, Das Staatsrecht des Deutschen Reiches, 5. Aufl. (1911), Bd. 2, 178.

122 In diesen Zusammenhang gehört auch die rätselhafte Bemerkung, die »puissance de juger«, einerseits als »so schrecklich unter den Menschen« apostrophiert, sei »en quelque facon nulle«, vgl. Montesquieu, Vom Geist der Gesetze (hg. von E. Forsthoff), 1967, 201, 204.

123 Vgl. Osborn v. Bank of United States, 22. U.S. (9. Wheaton) 738, 866, wo Marshall den Richter im übrigen als »capale of willing nothing« bezeichnet.

124 So E. Forsthoff, Der Staat der Industriegesellschaft. Dargestellt am Beispiel der Bundesrepublik Deutschland, 2. Aufl. 1971, 106.

125 Dies die Überschrift eines Aufsatzes von W. Weber, jetzt in: ders., Spannungen und Kräfte im westdeutschen Verfassungssystem, 3. Aufl. 1970, 143 ff.

126 A. A. K. Zweigert (Festgabe für Carlo Schmid, 1962, 299, 302), der annimmt, dem Richter seien in neuerer Zeit Aufgaben zugewachsen, die er ohne Charisma nicht lösen könne.

127 So aber E. Forsthoff, Bemerkungen zur Situation der Verwaltung, in: Standorte im Zeitstrom (hg. von E. Forsthoff/R. Hörstel), Festschrift für A. Gehlen, 1974, 41.

128 Dazu BVerfGE 8, 326; 35, 72.

129 So E. Friesenhahn, in: Recht, Staat, Wirtschaft, II (1950), 269. Schon W. Jellinek (VVDStRL 8, 1950, 3) rechnete den Art. 19 IV zu »den königlichen Artikeln des Grundgesetzes«.

130 Über Unterschiede des bundesrepublikanischen und US-amerikanischen Modells kurz R. Weber-Fas, Freiheitliche Verfassung und sozialer Rechtsstaat, 1976, 66 ff.

131 Zur historischen Entwicklung während der Epochen des alten Reiches, des Deutschen Bundes, des Kaiserreichs und der Weimarer Republik vgl. U. Scheuner, Die Überlieferung der deutschen Staatsgerichtsbarkeit im 19. und 20. Jahrhundert, in: Bundesverfassungsgericht und Grundgesetz, I (hg. von C. Starck in Gemeinschaft mit M. Drath, E. Friesenhahn, W. K. Geck, G. Leibholz, G. Roellecke, H. F. Zacher und K. Zweigert) 1–62.

132 Vgl. etwa H. Spanner, Die richterliche Prüfung von Gesetzen und Verordnungen. Eine rechtsvergleichende Untersuchung über die Hauptaufgabe der Verfassungsgerichtsbarkeit, 1951; E. Friesenhahn, Die Verfassungsgerichtsbarkeit in der Bundesrepublik Deutschland, 1963.

133 Dazu W. Seuffert, Die Verfassungsbeschwerde in der Verfassungsgerichtsbarkeit, in: Das Bundesverfassungsgericht 1951–1971 (hg. vom BVerfG), 1971, 159 ff.; K. A. Bettermann, Zur Verfassungsbeschwerde gegen Gesetze und zum Rechtsschutz des Bürgers gegen Rechtsetzungsakte der öffentlichen Gewalt, AöR 86 (1961), 129 ff.

134 Wenn das Richteramt zum Kristallisationspunkt unerfüllbarer Erwartungen wird, gerät der Richter in die Rolle einer tragischen Gestalt, wie Fritz Werner, eine große Richterpersönlichkeit unserer Zeit, tiefblickend gefunden hat (F. Werner, Recht und Gericht in unserer Zeit. Reden, Vorträge, Aufsätze, hg. von K. A. Bettermann/C. H. Ule, 1971, 156, 164). – In dieser Situation hilft nicht einmal die – dem großen amerikanischen Richter Oliver Wendell Holmes zugeschriebene – Orientierung »by the divination of the philosopher and the imagination of the poet«, vgl. F. Frankfurther, Mr. Justice Holmes and the Supreme Court, 1961 (Cambridge, Mass.), 55.

135 Worin etwa K. Doehring (Staatsrecht, a.a.O., 225) eine Renaissance des »pouvoir neutre« zu erblicken scheint.

136 Art. 97 GG.

137 In engstem Zusammenhang mit der richterlichen Unabhängigkeit steht die von G. Roellecke (VVDStRL 34, 1976, 7 ff.) neuestens untersuchte »Bindung des Richters an Gesetz und Verfassung«.

138 So aber E. Forsthoff, Festgabe für C. Schmitt, 1968, 61.

139 Dabei wird oft verkannt, was zuletzt K. Doehring (Staatsrecht, a.a.O., 225) zutreffend betont, daß schon im verfassungsgarantierten Verfahren ein bedeutender Rechtswert an sich liegt, ohne den alle materialen wertorientierten Topoi bloßes Räsonnement bleiben. Auch E. W. Böckenförde (Enstehung und Wandlung des Rechtsstaatsbegriffs, Festschrift für A. Arndt, 1969, 74) erinnert mit Recht an die materiale Eigenbedeutung formaler rechtlicher Verbürgungen und er warnt aus historischer Sicht vor den Abgründen eines übermäßigen Operierens mit ethischen Postulaten und materialen Werten, die ja intersubjektiv nicht rational vermittelbar seien: »Der Freiheitsabbau totalitärer Regime beginnt keineswegs mit der Ausnutzung formaler Garantien und Verfahren, sondern stets mit der Mißachtung derselben unter Berufung auf ein höheres, materiales und vorpositives Recht, sei es der ›wahren Religion‹, der ›artgleichen Volksgemeinschaft‹ oder des ›Proletariats‹ ...«. – In der politisch-sozialen Ambiance der Gegenwart droht die Gefahr, daß die Rechtsstaatsidee degradiert wird zur Magd modischer Werte, mag auch eine staatstheoretische »flower power« kaum mehr produzieren als gebrannte Blumenkinder.

140 Zu den Elementen der – mit dem deutschen Rechtsstaatsprinzip oft unkritisch verglichenen – rule of law vgl. etwa A. Denning, The Changing Law, 1953, 5ff.; C. K. Allen, Law and Order, 1955, 22 f.; M. Kriele, Einführung in die Staatslehre, 1975, 109 ff.; W. Seagle, Weltgeschichte des Rechts, 1969, der unter Berufung auf den Rechtshistoriker Sir William Holdsworth anmerkt, daß »die Anbeter der ›rule of law‹ nur zu gerne die Achillesferse ihres Dogmas (vergessen), nämlich das Supremat des Parlaments«; dessen Letztentscheidungskompetenz drückt sich plastisch aus in der britischen Maxime, »that Parliament can do everything but make a woman a man, and a man a woman«, vgl. A. V. Dicey, Introduktion to the study of the Law of the Constitution, 9. Aufl. 1945, 43.

141 Es sei hier erinnert an den ewigen »Kampf der Götter der einzelnen Ordnungen und Werte« (Max Weber, Soziologie – Weltgeschichtliche Analysen – Politik, 3. Aufl., 1964, 329). – Schon vor der neuen Welle einer zunehmenden »Materialisierung« der grundgesetzlichen Rechtsstaatlichkeit hatte W. Hennis (Verfassung und Verfassungswirklichkeit, 1968, 24, 34. Anm. 74) auf die eigentümliche Schwäche deutschen Verfassungsdenkens hingewiesen, materielle Prinzipien gegen formale Organisationsnormen auszuspielen. – In diesen Zusammenhang gehört auch die Tendenz einer allzu sorglosen Abwertung der Legalität gegenüber einer angeblich höherwertigen Legitimität, hinter der sich tatsächlich totalitäre Verfassungsfeindschaft verbergen kann (so zuletzt K. Hesse, Grundzüge des Verfassungsrechts 1975, 81, wo auch sog. »Regelverletzungen als nicht bloß illegal, sondern in Wahrheit illegitim qualifiziert werden«.) – Vgl. ferner R. Scholz, Verfassungsgegner-

schaft und Verfassungstreue, Bitburger Gespräche, Jahrbuch 1974–1976, 169 ff.

142 BVerfGE 12, 53; 30, 193.

143 BVerfGE 6, 36.

144 Dazu im einzelnen G. Dürig, Der Grundrrechtssatz von der Menschenwürde, AöR 81 (1956), 117 ff.; H. Wertenbruch, Grundgesetz und Menschenwürde, 1958; J. Messner, Die Idee der Menschenwürde im Rechtsstaat der pluralistischen Gesellschaft, Festschrift für W. Geiger, 1974, 221 ff.

145 So aber ein Teil der Lehre, wohl auch Th. Maunz, Deutsches Staatsrecht, 20. Aufl., 1975, 120.

146 Wenngleich primär im Sinne eines subjektiven Rechts mit Abwehrfunktion, wie die Rechtsprechung insbesondere auch im Blick auf scheinbar absolute Grundrechte angenommen hat (z. B. gegenüber der Freiheit der – nicht mit Gesetzesvorbehalt versehenen – Kunstausübung gem. Art. 5 III GG, vgl. BVerfGE 30, 173, 193, 195).

147 Dies betont namentlich U. Scheuner mit Nachdruck (Die neuere Entwicklung des Rechtsstaats, a.a.O., 262, 233 und passim).

148 Zu ihren verfassungs- und sozialtheoretischen Voraussetzungen vgl. neuestens die kritische Analyse von E. Grabitz, Freiheit und Verfassungsrecht, 1976.

149 Auf dieser Linie hat auch die Rechtsprechung die spannungsvolle Wechselbeziehung von Einzelmensch und Gemeinschaft gedeutet, vgl. BVerfGE 4, 15; 12, 51; 30, 20; 33, 334.

150 Daß die Grundrechte (nicht nur, aber nicht zuletzt auch) personale Selbstbestimmungsrechte sind, konstatiert jüngst zutreffend H. H. Rupp, Vom Wandel der Grundrechte, AöR 101 (1976), 161, 167.

151 Nicht erst in unserer Zeit erscheint es wie eine frivole Utopie, wenn K. Marx ein Reich der Freiheit verheißt, in dem es möglich sein werde, »heute dies, morgen jenes zu tun, morgens zu jagen, nachmittags zu fischen, nach dem Essen zu kritisieren, wie ich gerade Lust habe – ohne je Jäger, Fischer, Hirt oder Kritiker zu werden«.

152 Dazu tieferdringend M. Heidegger, Sein und Zeit, 11. Aufl. 1967, 184 ff. (§ 40: Die Grundbefindlichkeit der Angst ... des Daseins); vgl. ferner S. Kierkegaard, Der Begriff der Angst; A. Künzli, Die Angst als abendländische Krankheit, 1947.

153 Wichtige personale Elemente der Kultur erscheinen in folgender Umschreibung: »Subjektiv gesehen hat Kultur, wer den Tatsachen gegenüber einen auswählenden und distanzierenden Instinkt behält; wer die Allgemeinherrschaft von Affekten im Herzen ebenso scheut wie die Abstraktionen im Kopfe; wer einen Sinn hat für die Vielheit der inneren Bedeutungen einer Situation, für das Unausgesagte, Potentielle, Unerprobte, Verletzbare

darin; zur Kultur gehört ein fundierter Optimismus und, vor allem, eine intakte Idealität im Menschlichen«, vgl. A. Gehlen, Die Seele im technischen Zeitalter, Sozialpsychologische Probleme in der industriellen Gesellschaft, 1957/1969, 117.

154 Zu ihren Voraussetzungen gehört auch die (in der Gegenwart vielfach mißverstandene und schon für die Vergangenheit oft fehlinterpretierte) moderne Dualität von Staat und Gesellschaft, so mit Recht insbesondere E. W. Böckenförde, Die verfassungstheoretische Unterscheidung von Staat und Gesellschaft als Bedingung der individuellen Freiheit, 1973; E. Forsthoff, Der Staat der Industriegesellschaft, 2. Aufl. 1971, 21; J. Isensee, Der Dualismus von Staat und Gesellschaft, Sonderdruck 1976 aus: Staat und Gesellschaft, Wiss. Buchges., 317 ff. (mit zutreffender Betonung der rechtsstaatlich unverzichtbaren, in einer gewandelten Welt als dialektische Einheit zu deutenden Dichotomie).

155 Diese libertas verstanden nicht nur als individuelle Freiheit vom Staat und sonstiger kollektiver Bestimmung, sondern zugleich als politische Freiheit des Bürgers zur Mitwirkung im demokratischen Prozeß der Staatswillensbildung. Dabei gilt es aber zu sehen, daß auch politische Teilhabe die Existenz von hoheitlicher Herrschaft nicht aufhebt, so daß die rechtsstaatliche Verfassung selbst in der besten Demokratie freiheitsnotwendig bleibt, vgl. dazu C. Starck, Freiheit und Organisation, 1976, 8, 11.

156 Hinzu treten andere wesentliche Elemente, so z. B. die Berechenbarkeit des staatlichen Vorgehens, vgl. P. Lerche, Übermaß und Verfassungsrecht, 1961, 58.

157 Die sachliche Verbindung zwischen Gleichheitssatz und Rechtsstaat betonen u. a. BVerfGE 23, 12 (24); 38, 225 (228); 41, 1 ((13).

158 Vgl. I. Kant, Zum ewigen Frieden (Anm. 55).

159 Dazu E. Kaufmann, VVDStRL 3 (1927), 4.

160 Art. 109 I WRV.

161 So die (nach erheblichen Kontroversen unter der WRV und in der Anfangszeit des GG) inzwischen eindeutig herrschende Lehre und die ständige Rechtsprechung des BVerfG seit E 1, 14, 16.

162 Mit Recht lehrt C. Schmitt (Verfassungslehre, a.a.O., 155), daß »das Gesetz im rechtsstaatlichen Sinne eine normative Regelung bedeutet, die von der Idee der Gerechtigkeit beherrscht ist und deren Gleichheit Gerechtigkeit bedeutet.«

163 Freilich liegt unter dem GG der lezte Test beim BVerfG, das aber seit E 1, 14, 52 in gefestigter Praxis einen Gleichheitssatzverstoß nur annimmt, »wenn sich ein vernünftiger, sich aus der Natur der Sache ergebender oder sonstwie (!) sachlich einleuchtender Grund für die gesetzliche Differenzierung

oder Gleichbehandlung nicht finden läßt, kurzum, wenn die Bestimmung als willkürlich bezeichnet werden muß«.

164 Vgl. im einzelnen K. Hesse, Der Gleichheitsgrundsatz im Staatsrecht. AöR 77 (1951), 167 ff.; G. Leibholz, Die Gleichheit vor dem Gesetz, 2. Aufl. 1959; H. P. Ipsen, Gleichheit, in: Neumann/Nipperdey/Scheuner, Die Grundrechte, II, 1954, 111 ff.; H. Scholler, Interpretation des Gleichheitssatzes als Willkürverbot oder als Gebot der Chancengleichheit, 1969.

165 Dazu H. Heller, Staatslehre, 4. Aufl. (Leiden), 1970, 258.

166 Mit Recht erinnert K. Hesse (Die normative Kraft der Verfassung, 1959, 19, Anm. 16) an die normative Kraft des Normativen gegenüber einer sog. normativen Kraft des Faktischen.

167 Daß die Leidenschaft für Gleichheit sehr oft nichts Edleres ist als idealisierter Neid, sollte unter Juristen und Politikern bekannt sein. Selbst K. Marx (Nationalökonomie und Philosophie, in: ders., Die Frühschriften, hg. v. S. Landshut, 1968, 233) räumt ein, daß »der rohe Kommunist . . . nur die Vollendung dieses Neides und dieser Nivellierung« sei. Man sollte auch bedenken, daß nach anthropologischer Erfahrung, was schon A. de Tocqueville gesehen hat, eine Gesellschaft um so neidintensiver wird, je vollständiger das Prinzip der Gleichheit institutionalisiert ist. – Über die Rolle des Neides in den Ethiken des sozialen Eudämonismus vgl. insbesondere auch N. Hartmann, Ethik, 1935, 78, 83; G. W. F. Hegel, Phänomenologie des Geistes (hg. v. J. Hoffmeister). 1952, 440; I. Kant, Metaphysik der Sitten, Sämtl. Werke (hg. v. K. Vorländer) 1922, Bd. 3, 316; S. Kierkegaard, Ges. Werke, 1954, 17. Abt. 89; F. Nietzsche, Menschliches – Allzumenschliches (Nietzsche's Werke, 1900, 1. Abt. Bd. III), 149, 213, 346; M. Scheler, Das Ressentiment im Aufbau der Moralen, Ges. Werke, 1955, Bd. 3, 65.

168 Diese Aufgabe kann freilich nur gelöst werden, wenn auch die Staatsbürger stets von neuem das notwendige Maß an Wertkonsenz, Freiheitssinn und politisch-moralischer Kraft aufbringen, denn: »Keine Staatsverfassung kann gelingen, welche die Vernunft nach einem angelegten Plan gleichsam von vorn her gründet . . . Staatsverfassungen lassen sich nicht auf Menschen, wie Schößlinge auf Bäume pfropfen. Wo Zeit und Natur nicht vorgearbeitet haben, da ist's als bindet man Blüten mit Fäden an. Die erste Mittagssonne versengt sie«, vgl. W. v. Humboldt, Ideen über Staatsverfassung, durch die neue französische Konstitution veranlaßt, 1791, in: Gesammelte Schriften (hg. v. d. Preuß. Akademie d. Wiss.) I, 78 f.

Von Rudolf Weber-Fas
sind erschienen:

INTERNATIONALE STEUERRECHTSPRECHUNG

Die Entscheidungen des Reichsfinanzhofs und Bundesfinanzhofs zum Recht der deutschen Doppelbesteuerungsabkommen. 1970. Carl Heymanns

VERFASSUNGSRECHTSPRECHUNG ZUM STEUERRECHT

Die Entscheidungen des Bundesverfassungsgerichts der Bundesrepublik Deutschland. 3 Bände. 1971/1976. Athenäum/Boorberg

GOETHE ALS JURIST UND STAATSMANN
Ein Vortrag. 1974. Alfred Metzner

FREIHEITLICHE VERFASSUNG UND SOZIALER RECHTSSTAAT

Aufsätze und Rezensionen zum öffentlichen Recht. 1976. Günther Neske

LESEBUCH ZUR STAATSLEHRE

Dokumente des Staatsdenkens von der Antike bis zur Gegenwart. 2 Bände. 1977. Günther Neske